核兵器のない世界へ

理想への現実的アプローチ

黒澤 満 著

東信堂

まえがき

　本書の基本的な目的は、「核兵器のない世界」へ向けて国際社会が進んでいくためには何をなすべきかを総合的に考察することである。

　2009年4月のオバマ大統領によるプラハ演説は、「核兵器のない世界における平和と安全保障を追求するという米国のコミットメントを明確にかつ確信をもって述べる」ものであり、核兵器が出現して以来の60数年間において、最も明確にかつ力強く核兵器廃絶を宣明したものである。またこれは核兵器を保有しない国々の代表が行ったものではなく、世界最強の核軍事力を維持する米国の大統領による声明であり、また彼は世界を変えることは可能であると強く主張したため、新たな国際秩序あるいは新たな国際社会の出現を予期させるものであった。

　このオバマ演説は世界中で熱狂的と言えるほどの支持を獲得し、国際社会の新たな進展を望む世界の多くの人々から広い範囲において歓迎されるものであった。その1つの証拠は、その直後にオバマ大統領にノーベル平和賞が与えられたことであった。通常は偉大な実績を残した人に対して与えられるノーベル平和賞が、まだ実績はないがプラハ演説で述べた今後の行動への期待の大きさに対して賞がオバマ大統領に与えられたのであった。

　さらにオバマ大統領はその演説において、「米国は、核兵器国として、また核兵器を使用した唯一の国として、行動する道義的責任がある」と述べた。これは、米国の歴代の大統領の中で、道義的であれ核兵器使用の責任を認めた初めての大統領であり、その責任を基礎にして核兵器のない世界を追求するという演説は、説得力のあるものであった。

　彼は核兵器のない世界を目指した具体的な措置を取ると述べた際に、基本的には「冷戦思考に終止符を打つために、米国の安全保障戦略の中での核兵器の役割を低減させるとともに、他の国も同じ行動をとるよう要請する」とそのための基本的内容を明確にし、その後に核軍縮の具体的措置を

列挙している。

その演説とほぼ同時にロシアとの戦略兵器削減交渉を開始し、1年後の2010年4月には両国間で新START条約が署名され、その後条約は発効し実施されている。2010年4月には核兵器のない世界を目指した米国の「核態勢見直し報告書」も提出され、同年4-5月の核不拡散条約（NPT）再検討会議もコンセンサスで最終文書の採択に合意し、行動計画の1で、すべての当事国は、条約および「核兵器のない世界を達成するという目的」に完全に一致した政策をとることにコミットしている。

このようにオバマ政権第1期の初期においては、核兵器のない世界に向けてのいくつかの有益な成果を挙げることが可能であったが、その後は、国際社会の推移および米国内の情勢などにより、オバマ大統領の主張する核兵器のない世界への進展はほとんど見られない状況となっている。新START条約以降の核兵器の削減については、米ロ間での交渉は行われていないし、包括的核実験禁止条約（CTBT）も米国による批准にまったく進展がないし、兵器用核分裂性物質生産禁止条約（FMCT）の交渉も開始されていない。

オバマ大統領は第2期に入り、2013年6月の「正義を伴う平和」というテーマのベルリン演説において、「我々はもはや地球的壊滅という恐れなしに生活しているが、核兵器が存在する限り本当の意味で安全ではない」と分析し、「正義を伴う平和とは、その夢がいかに遠くとも、核兵器のない世界の安全保障を追求することを意味する」と述べ、プラハ演説で述べた「核兵器のない世界」というビジョンを改めて確認し、それを積極的に追求する姿勢を明確にしている。また一層の行動が必要であるとして、具体的には米ロの戦略核弾頭をさらに3分の1削減すべきことを提案している。

第1章の「核兵器のない世界の構想」は、オバマ大統領のプラハ演説を初めさまざまな核兵器のない世界に向けた提案を検討するものであり、そ

れぞれの提案の内容および特徴を分析し、またその背後にある提出の動機なども検討する。中心となるオバマ大統領の活動については、プラハ演説以前の主張から、プラハ演説の内容、その後のプラハ演説の内容の実施状況、さらに第2期における核軍縮政策なども検討する。さらに国際社会全体における議論の分析としてNPT再検討会議における議論を紹介する。

第1節では、プラハ演説の約2年前に4人の米国元高官が主張した「核兵器のない世界」の提案を分析する。冷戦期において米国の核抑止論を支持し運用していた元高官たちが、核兵器のない世界を主張したことの意味およびその内容、さらにそれがオバマ大統領の考えにも大きな影響を与えたことを検討する。

第2節では、オバマ大統領のプラハ演説の内容を詳細に分析し、その意義を考察するとともに、当時の国際安全保障環境におけるオバマ政権の核軍縮政策を検討する。さらにオバマ政権の第1期における核軍縮進展への成果の評価を行う。

第3節では、核兵器廃絶に関する諸提案を検討する。具体的には2025年までの最小化を主張する核不拡散・核軍縮国際委員会の提案、2030年までに核兵器の全廃を主張するグローバル・ゼロ委員会の提案、2020年までの廃絶を主張する平和市長会議の提案を取り上げ、分析する。

第4節では、2010年NPT再検討会議における核軍縮に関する議論を取り上げ、各国家や国家グループの主張の比較検討、核兵器のない世界に関する最終文書の行動計画、さらに核軍縮に関する具体的措置の詳細な分析を行う。

第5節では、オバマ大統領のベルリン演説における核軍縮政策の分析、さらに同時に提出された米国の核兵器運用戦略報告書の分析を行い、第2期におけるオバマ政権の核軍縮に関する今後の動きへの意味合いを検討する。

第2章の「核兵器のない世界達成へのアプローチ」は、核兵器のない世

界をどのような方法あるいは手段によって実現すべきかという本書の中心的な内容の部分であり、特に最近の新たな議論を十分取り入れて検討を行う。生物兵器、化学兵器、対人地雷、クラスター弾などの全面禁止・廃絶は単一の条約により実現されているが、核兵器の場合にはそれほど問題は単純ではなく、さまざまな要素を勘案する必要が生じている。そこでは、核兵器禁止条約の交渉と作成という基本的なアプローチが主流になるが、それによって核兵器のない世界を達成する場合に、側面から支える新たなアプローチが「核軍縮への人道的アプローチ」である。それは核兵器の使用の壊滅的な影響を根拠に核兵器の廃絶を訴えるものであり、特に最近の核軍縮議論の中心的な位置を占めるまでに広く支持されている。もう1つのアプローチは、核兵器そのものの意義あるいはそれが果たす役割に対して疑問を呈するものであり、核廃絶の前提として「核兵器の非正当化」が可能であり必要であるとする主張である。これも比較的最近の新しい議論であり、国際社会で広く認識されつつある考えである。

　第1節では、核兵器禁止条約の包括的な検討を行い、国際NGOによるモデル核兵器禁止条約の改訂版をベースに、条約はどのような内容をどのような形で含むべきかを考察し、さらにグローバル・ゼロ委員会の提案、非同盟諸国の提案を紹介し、最後に核兵器禁止条約は単一の条約として考えるのがいいのか、あるいは枠組み条約として考えるのがいいのか、さまざまな可能性を検討する。

　第2節では、核軍縮への人道的アプローチの検討を行い、1996年に国際司法裁判所が「核兵器の使用は国際人道法に一般的に違反する」と述べた勧告的意見を基礎に議論を進め、2010年NPT再検討会議でのスイス提案に始まる議論および最終文書での合意を検討する。さらに赤十字国際委員会のこの問題への貢献を紹介し、核兵器の人道的次元に関する共同声明や国際会議における進展を取り扱う。これらにより従来の「国家あるいは国際安全保障からのアプローチ」から「人間の安全保障からのアプローチ」に変更しつつあることを明らかにする。

第3節では、核兵器の非正当化の議論の検討を行い、核兵器は一般に安全保障に有益であり、核抑止は国家間の武力紛争を防止するのに有用であると考えられているまさにその点に疑問を呈し、核兵器は本当は役に立たなかったし、武力紛争を防止しなかったという議論を考察する。それらを根拠に核兵器の持つ正当性、価値、権威などを剥奪し、核兵器を非正当化するプロセスを通じて核廃絶を進めるべきであるという議論を検討する。

　第3章の「核兵器の役割の低減」は、第2章における3つのアプローチを進めると同時に、もう少し短期的にかつ具体的に核軍縮を進展させるための手段を検討するものである。核兵器の削減とか核実験禁止とか核分裂性物質の生産禁止などさまざまな具体的核軍縮措置が提案されているが、本章ではもう少し一般的な措置として「核兵器の役割の低減」を分析の基軸とする。これはオバマ大統領も「冷戦思考に終止符を打つため、核兵器の役割を低減する」と述べているように、さまざまな具体的核軍縮措置の基礎となるものである。それは主として核兵器国の宣言政策に関わるもので、核兵器の重要性、価値、役割を低減することによって、さまざまな核軍縮の具体的措置を間接的に可能とするものである。ここでは「核兵器の役割の低減」に直接関わる措置として、核兵器の第一不使用、消極的安全保証、核兵器の警戒態勢の解除の問題を検討する。

　第1節の核兵器の第一不使用とは、核兵器による攻撃の場合にのみ核兵器を使用するという政策であり、米国が採用しようと考えているがまだ準備段階にあるもので、生物・化学兵器と通常兵器による攻撃は通常兵器によって抑止しようとするものである。これは核兵器の役割を大きく低減するものであり、その結果核兵器の数の減少も可能になり、核廃絶の方向に大きく前進する可能性を持つものであるが、日本など拡大核抑止に依存する非核兵器国の協力も必要になるものであり、これらの議論を広くかつ深く検討する。

　第2節の消極的安全保証とは、核兵器を保有しない国に対しては核兵器

を使用しないという核兵器国による約束であり、核不拡散条約との関連では条件付きの政治的宣言が与えられ、非核兵器地帯条約の場合には条件付きの法的拘束力ある約束が与えられている。ここでも最近一定の進展が見られており、「強化された消極的安全保証」が与えられつつある。これらの現状を分析し、さらに残された問題をどう解決するか、またより広範で完全な消極的安全保証を与える方向にどう進むべきかを考察する。

第3節の核兵器の警戒態勢の解除とは、冷戦が終結してすでに20年以上経過しているにもかかわらず、米ロの戦略核兵器の大部分は相手側の大規模な核兵器による奇襲攻撃を前提として、警告があれば即発射できる警戒態勢に維持されている状況をどう改善するかという問題である。そこには事故や無許可の発射というリスクが存在するとともに、高度の警戒態勢を維持することは核兵器の役割を重視し強化することを意味するし、多くの核弾頭を必要とするもので、核軍縮の進展、特に核兵器の削減に逆行し、それを妨げるものである。米ロのイニシアティブによりこの問題をどう解決すべきかを検討する。

第4章の「核廃絶への現実的アプローチ」は、本書の結論部分であり、特に以上の分析に基づいてどのような現実的アプローチを採用すべきかを提言するものである。

まず長期的で包括的な諸措置としては、第2章で検討した3つのアプローチ、すなわち核兵器禁止条約に関する積極的な議論の継続、核軍縮への人道的アプローチを用いた一層の議論の進展、核兵器の非正当化に向けた新たな議論の一層の拡大と深化を同時並行的に実施していくことが不可欠である。これらはすべて核兵器の廃絶に向けた「包括的アプローチ」であり、それぞれの議論は独立しているが相互関連性のあるものであり、これらの3つのアプローチを同時並行的に積極的に進めることが必要である。それらが相互に刺激し合い相互により多くの成果を生み出す相乗的効果をもつものであるからである。

第2に短期的で個別的な諸措置として、「国家安全保障政策における核兵器の役割を低減させる諸措置」を強力に進めることが重要である。これらは具体的には、核兵器の第一不使用政策の採用、消極的安全保証の一層の強化、および核兵器の警戒態勢の低下・解除の措置を取ることである。これらの措置への取り組みはゼロから開始するものではなく、特に米国のオバマ政権においてすでに実施されたり、実施されつつあったり、近い将来の実施に努力することが表明されるなど、その実現性がきわめて高いものである。その意味でこれらは実現可能性も高く、かつ他の具体的核軍縮措置の進展にもプラスの影響を与えるものであるので積極的に追求すべきものである。

　最後に、日本政府の核軍縮政策については、これまでは長期的視点が欠ける傾向にあるが、今後は「核兵器のない世界」を視野に入れつつ、核兵器禁止条約、核軍縮への人道的アプローチ、核兵器の非正当化の問題にもっと積極的に取り組むべきであるし、核兵器の役割の低減では米国政府が主張しているものである点からしても、もう少し協力的な姿勢を示すべきであろう。

核兵器のない世界へ——理想への現実的アプローチ
目　次

まえがき　i
核軍縮関連略語表　xi

第1章　核兵器のない世界の構想　3

第1節　4人の米国元高官による提案　4
1　2007年1月の「核兵器のない世界」の提案　4
2　2008年1月の「非核世界に向けて」の提案　6
3　提案に対する積極的反応　7
4　オバマ大統領候補の当時の見解　10
5　むすび　13

第2節　オバマ大統領のプラハ演説と核軍縮政策　16
1　オバマ大統領のプラハ演説　16
2　当時の国際安全保障環境　19
3　オバマ政権初期の核軍縮政策　23
4　オバマ政権第1期の核軍縮の成果　30
5　むすび　34

第3節　核兵器廃絶に関するその他の提案　37
1　核不拡散・核軍縮国際委員会の提案　37
2　グローバル・ゼロ委員会の提案　42
3　平和市長会議の提案　47
4　むすび　49

第4節　2010年NPT再検討会議　52
1　一般演説における議論　52
2　主要委員会・補助機関における議論　55

        3　核軍縮のための行動計画　60
        4　核兵器のない世界をめぐる諸問題　62
        5　むすび　71
    第5節　オバマ大統領のベルリン演説と核兵器運用戦略　75
        1　オバマ政権第2期の核政策　75
        2　ベルリン演説における核軍縮政策　78
        3　「核兵器の役割の低減」からの分析　84
        4　むすび　90

第2章　核兵器のない世界達成へのアプローチ　95
    第1節　核兵器禁止条約　96
        1　背景　96
        2　モデル核兵器禁止条約　97
        3　核兵器禁止条約の諸提案　102
        4　核兵器禁止条約をめぐる議論　106
        5　むすび　112
    第2節　核軍縮への人道的アプローチ　115
        1　国際司法裁判所の勧告的意見　115
        2　2010年NPT再検討会議　118
        3　赤十字国際委員会の貢献　120
        4　核軍縮への人道的声明　122
        5　むすび　128
    第3節　核兵器の非正当化　133
        1　核不拡散・核軍縮国際委員会報告書　133
        2　ジェームズ・マーティン不拡散研究所報告書　138
        3　非正当化の意義の検討　141
        4　むすび　146

第3章　核兵器の役割の低減　149

第1節　核兵器の第一不使用　150
1　第一不使用をめぐる最近の議論　150
2　第一不使用と唯一の目的　152
3　米国の核態勢見直し報告書　154
4　第一不使用の今後の課題　156
5　むすび　159

第2節　消極的安全保証　162
1　核不拡散条約と消極的安全保証　162
2　法的拘束力ある消極的安全保証　165
3　非核兵器地帯と消極的安全保証　167
4　非核兵器地帯条約議定書への留保　170
5　むすび　171

第3節　核兵器の警戒態勢の解除　174
1　警戒態勢の解除をめぐる議論　174
2　米国の警戒態勢解除への態度　181
3　警戒態勢解除の最近の動き　184
4　むすび　188

第4章　核廃絶への現実的アプローチ　191
1　長期的で包括的な諸措置　192
2　短期的で個別的な諸措置　197
3　むすび　202

索引　205

核軍縮関連略語表

ABM	Anti-Ballistic Missile	対弾道ミサイル
ACA	Arms Control Association	軍備管理協会
ASEAN	Association of Southeast Asian Nations	東南アジア諸国連合
CD	Conference on Disarmament	軍縮会議
CTBT	Comprehensive Nuclear-Test-Ban Treaty	包括的核実験禁止条約
EU	European Union	欧州連合
FMCT	Fissile Material Cut-Off Treaty	兵器用核分裂性物質生産禁止条約
IAEA	International Atomic Energy Agency	国際原子力機関
ICBL	International Campaign to Ban Landmines	地雷廃絶国際キャンペーン
ICBM	Intercontinental Ballistic Missile	大陸間弾道ミサイル
ICJ	International Court of Justice	国際司法裁判所
ICNND	International Commission on Nuclear Non-Proliferation and Disarmament	
		核不拡散・核軍縮国際委員会
ICRC	International Commission of Red Cross	赤十字国際委員会
INF	Intermediate-Range Nuclear Forces	中距離核戦力
IPPNW	International Physicians for the Prevention of Nuclear War	
		核戦争防止国際医師会議
LUA	Launch Under Attack	攻撃下発射
MPI	Middle Power Initiative	中堅国家イニシアティブ
NAC	New Agenda Coalition	新アジェンダ連合
NAM	Non-Aligned Movement (Countries)	非同盟諸国
NATO	North Atlantic Treaty Organization	北大西洋条約機構
NGO	Non-Governmental Organization	非政府組織
NPR	Nuclear Posture Review	核態勢見直し
NPT	Nuclear Non-Proliferation Treaty	核不拡散条約
NSA	Negative Security Assurances	消極的安全保証
PGS	Prompt Global Strike	迅速グローバル打撃
PSI	Proliferation Security Initiative	拡散防止構想
SALT	Strategic Arms Limitation Talks/Treaty	戦略兵器制限交渉／条約
SLBM	Submarine-Launched Ballistic Missile	潜水艦発射弾道ミサイル
SSBN	Nuclear-Powered Ballistic Missile Submarine	弾道ミサイル原子力潜水艦
START	Strategic Arms Reduction Talks/Treaty	戦略兵器削減交渉／条約
WMD	Weapons of Mass Destruction	大量破壊兵器

核兵器のない世界へ
──理想への現実的アプローチ──

第1章
核兵器のない世界の構想

2009年4月5日にバラク・オバマ米国大統領がチェコのプラハにおいて、米国は「核兵器のない世界（A World without Nuclear Weapons）」を追求するという歴史的な演説を行ったが、それはそれまでの国際社会の流れ、特に米国の核兵器政策を大きく変更するものであり、第2次世界大戦の末期に広島・長崎に原爆が投下されて以来の核兵器に対する国際社会の対応を大きく変えるものであった。

　このオバマ大統領の「核兵器のない世界」に向けた演説の背景には、核兵器を巡る新たな国際環境の出現、すなわち核テロの可能性の増大と新たな核兵器国の出現の可能性という問題が中心にあり、また単独主義的なブッシュ政権の核政策への批判があった。さらに2007年1月の米国元高官たちによる大胆な「核兵器のない世界」の提案が重要な役割を果たしているし、オバマ大統領の核兵器廃絶への個人的な強い関心も存在した。

　本章では、今日の「核兵器のない世界」追求の動きの出発点と考えられる2007年の米国の4人の元高官による提案をまず詳細に検討し、次に本章の中心課題である2009年のオバマ大統領のプラハ演説における「核兵器のない世界」を考察する。さらにこの時期に出された核兵器のない世界に向けたいくつかの重要な提案を紹介し、また2010年の核不拡散条約（NPT）再検討会議における議論を分析する。最後に、2013年6月に行われたオバマ大統領のベルリン演説およびそれに関連して発表された米国の核兵器運用戦略を検討する。

第1節　4人の米国元高官による提案

1　2007年1月の「核兵器のない世界」の提案

　2007年1月4日に「核兵器のない世界（A World Free of Nuclear Weapons）」と題する論文が、ウォール・ストリート・ジャーナルに掲載された[*1]。その著者は、ジョージ・シュルツ元国務長官、ウィリアム・ペリー元国防長官、

ヘンリー・キッシンジャー元国務長官およびサム・ナン元上院軍事委員会委員長である。その主要な内容は以下の通りである。

(1) 核兵器は今日途方もない危険となっているが、歴史的な好機ともなっている。米国の指導者は、核兵器への依存を逆転させるため行動すべきである。
(2) 冷戦期には核兵器は国際安全保障を維持するため不可欠であった。しかし抑止は、現在ではますます有害になっており、効果も減少している。
(3) 北朝鮮やイランに示されるように、新しい危険な核時代に入りつつある。またテロリストの手に核兵器が入る危険があり、彼らには抑止は効かない。
(4) 核兵器国の指導者が核兵器のない世界という目標を共同の事業とするよう、米国は働きかけるべきである。
(5) 核の脅威のない世界のための基盤として、以下の一連の緊急の措置に合意すべきである。
　①冷戦態勢の核配備を変更し、警告時間を長くし、事故による核使用の危険を減少させる。
　②すべての核兵器国の核戦力の大幅削減を継続する。
　③前進配備の短距離核兵器を廃棄する。
　④包括的核実験禁止条約（CTBT）の批准に向けて上院での超党派協議を開始する。
　⑤世界中の核兵器および兵器級プルトニウム・高濃縮ウランを保管する。
　⑥燃料供給保証を伴うウラン濃縮プロセスの管理を行う。
　⑦世界的に、兵器用核分裂性物質の生産を停止する。
　⑧新たな核兵器国の出現につながる地域的対立や紛争の解決に努力する。

この4人は、冷戦期に米国の核戦略・核政策を作成し実施してきた中心的人物であり、米国の核抑止論を強く主張してきた人々である。しかし現在では、テロリストに対しては核抑止はまったく効かず、新たな核兵器国の核の管理は不十分であるので、核廃絶に進むべきであると主張している。この4人のうち2人は民主党で他の2人は共和党であり、超党派の主張となっている。またこの提案は、歴代の政府の中心にいて、核抑止論を強く主張していた元高官たちから出されたものであるという点から、多くの注目を集めるものとなった。

2　2008年1月の「非核世界に向けて」の提案

2008年1月15日のウォール・ストリート・ジャーナルに、シュルツ、ペリー、キッシンジャー、ナンの4人が「非核世界に向けて（Toward A Nuclear-Free World）」と題する論文を再び投稿し[*2]、このプロジェクトの継続性をアピールするとともに、国際的な幅広い支持が広がっていることを強調した。

まず米ロが2008年からとるべき措置として以下のものを列挙している。

(1) 2009年に失効する戦略兵器削減条約（START）の重要事項（検証など）を延長すること
(2) 核弾道ミサイル発射の警告および決定時間を長くする措置を取ること
(3) 冷戦期からの大量攻撃作戦計画を破棄すること
(4) 協調的ミサイル防衛および早期警戒システムの開発に向けての交渉を行うこと
(5) 核兵器と核物質のセキュリティ基準を世界的にできるだけ高いものにする作業を加速させること
(6) NATO内でおよびロシアと話し合い、前進配備核兵器の統合を行うこと
(7) 先端技術の世界的拡散に対抗するため、NPT遵守の監視を強化すること

(8) CTBTを発効させるプロセスを採択すること

その他の措置として、核燃料サイクルの危険を管理する国際システムを開発すること、米ロ間においてモスクワ条約を超える一層の大幅削減に合意すること、条約違反を企てる国を抑止し、必要ならば対応する手段に合意することなどが述べられている。

この論文は1年前の主張を基本的には継続しつつ、1年間の議論の結果として若干の修正を加えたものであり、[*3]特に2008年からとるべき措置が明記されている。またその中でこのプロジェクトを支持する米国の元高官たちの名前が具体的に列挙されており、広範な支持が存在することが立証されている。

3　提案に対する積極的反応

まず、最初の提案の直後である2007年1月31日に、ゴルバチョフ元ロシア大統領の「核の脅威」と題する以下のような内容の論文がウォール・ストリート・ジャーナルに掲載された。[*4]
(1) 1月4日の「核兵器のない世界」は、きわめて重要な国際問題を提起している。私はこの緊急行動の要請を支持する責務を感じている。
(2) 1985年に「核戦争に勝利はないし、決して戦われてはならない」ことを米国と合意し、新たな考えを示し、中距離核戦力（INF）、戦略兵器削減交渉（START）で進展した。そのまま続いていたら、世界の核兵器は大部分廃棄されていたであろう。
(3) 米国、さらにロシアも核兵器を再び強調し、第一使用から先制使用まで進んでいる。
(4) NPTは困窮しており、インド、パキスタン、北朝鮮、イラン、テロの問題が生じているが、この問題は核兵器の廃絶を通じてのみ解決できる。
(5) 核兵器廃絶を、遠い将来ではなく出来るだけ早期の議題に戻すべきである。
(6) 私は、NPTの枠内で、核兵器廃絶に関するあらゆる問題をカバーする

議論が開始されるよう呼びかける。目標は、核兵器のない世界へ向けての共通の概念を作り出すことである。
(7)　核兵器国は核兵器を削減し究極的に廃絶する約束を正式に再確認し、具体的措置として、CTBTを批准し、軍事ドクトリンを変更し冷戦期の高い警戒態勢を解除すべきである。

　1月4日の提案の背景には1986年のレイキャビク会談があり、その当事者であるゴルバチョフが全面的な支持を即時に表明したことはきわめて重要である。

　次に、2007年6月にカーネギー国際不拡散会議が開催され、そこでもこの提案が大きく取り上げられ、そのためのセッションが設けられ、英国外相の特別講演が行われている。「核兵器のない世界」というセッションで、司会のジェシカ・マシューズは、「新しい提案のインパクトに関して、1つは内容であり、もう1つは、もっと重要なことであるが、誰が言っているかいう点である」と述べ、提案者である4人の重要性を強調している。[*5]

　このプロジェクトを背後で支えているマックス・カンペルマンは、「米国は以下のように一方的に行動できる。米国の大統領が国連総会において、核兵器の保有および開発は人道に対する犯罪であり、国際社会全体に対する犯罪であるという概念を世界が受容するような決議を提案すべきである」と述べ、大胆なビジョンを具体化する方法を示唆している。[*6]

　英国外相マーガレット・ベケットは、「ウォール・ストリート・ジャーナルの論文がまったく正しいのは、核兵器国が核軍縮への約束を放棄したと他の諸国が考えるならば、不拡散の努力は大いに傷つけられるということである。……必要なのは、ビジョン——核兵器のない世界のためのシナリオ——と、行動——核弾頭の数を削減し安全保障政策における核兵器の役割を制限するための漸進的措置——の両方である。これらの2つの基準は別個のものであるが、相互に補強するものである。両方が必要であるが、現在では両方とも余りにも弱すぎる」と述べ、基本的にこの提案への支持を表明した。[*7]

第3に、この提案に対しては米国の元高官の多くが支持を表明しており、過去9代の政権における国務長官、国防長官、国家安全保障担当補佐官24名のうち17名が支持を表明している。そこには、M・オルブライト、R・アレン、J・ベイカーⅢ、S・バーガー、Z・ブレジゼンスキー、F・カールチ、W・クリストファー、W・コーエン、L・イーグルバーガー、M・レアード、A・レイク、R・マクファーレン、R・マクナマラ、C・パウエルなどが含まれている。

　第4に、元大統領候補のジョン・ケリーは、大統領候補の演説を聞いていても米国において「核兵器のない世界」への超党派のコンセンサスができつつあると述べ、次期大統領に対して以下の4点を提案している。

(1)　次期大統領は、就任100日以内に核兵器のない世界に対する彼のコミットメントを明確にする政策演説を行うべきである。

(2)　核テロを防止するという唯一の任務をもつ、大統領への国家安全保障副補佐官のポストを創設すべきである。

(3)　彼に「逆のマンハッタン計画」を推進する権限を与え、次期大統領の1期目の終わりまでに世界中のルース・ニュークを保管し、世界的なセキュリティ基準を設置させるべきである。

(4)　1991年の戦略兵器削減条約を延長し、配備核弾頭を1000以下に削減し、発射前の警告時間を長くする条約を締結すべきである。[*8]

　第5に英国のD・ハード元外相、M・リフキンド元国防相・元外相、D・オーエン元外相およびG・ロバートソン元NATO事務局長の4人が、2008年6月にシュルツらの提案を支持し、「世界の核兵器の劇的な削減に向けての実質的な進展は可能である。究極の熱望は核兵器のない世界を達成することである。それは時間がかかるが、政治的意思と監視の改善があれば目標は達成可能である。我々は遅すぎることになる前に行動しなければならない。我々は核兵器のない世界という米国のキャンペーンを支持することにより開始することができる」と述べている。[*9]

　欧州における同様の積極的な反応としては、イタリアにおいて、2008

年7月に「核兵器のない世界のために」がM・ダレマ元首相・元外相、G・フィニ元外相、G・L・マレハ欧州相、A・パリシ元国防相、F・カロゲロ元パグウォッシュ事務局長により発表されている。[*10]

またドイツにおいては、2009年1月に「非核世界に向けて：ドイツの見解」が、H・シュミット元首相、R・ワイツゼッカー元大統領、E・バール元東方政策担当大臣、H-D・ゲンシャー元外相により発表された。彼らは米国の4名の核兵器政策の転換の呼びかけへの支持を表明し、核兵器のないビジョンの再現、核兵器の大幅な削減、NPTの強化、CTBTの批准、短距離核兵器の廃棄を支持しつつ、ドイツの立場からの追加的措置として、対弾道ミサイル（ABM）条約の復活、核兵器国間の核兵器の第一不使用、消極的安全保証、米国核兵器のドイツ領からの撤去などを主張している。[*11]

4　オバマ大統領候補の当時の見解

フォーリン・アフェアーズ2007年7/8月号の「アメリカのリーダーシップを回復する」という論文[*12]で、オバマは、米国および世界に対する最も緊急の脅威は、核兵器、核物質、核技術の拡散、ならびに核装置がテロリストの手に入る危険であると認め、この4人の提案に言及しつつ、「彼らが警告しているように、我々の現在の措置は核の脅威に対応するのに不十分である」と述べ、大統領に選ばれたら核兵器を保管し、破壊し、拡散を防止するために、以下の措置をとると述べている。

(1) 我々は、脆弱な場所にあるすべての核兵器と核物質を4年以内に保管するための世界的努力を指導しなければならない。

(2) 我々はロシアと協力し、危険で時代遅れの冷戦時代の核態勢を更新し縮小し、核兵器の役割を低下させなければならない。

(3) 我々は最近の技術の発展を利用し、CTBT批准の超党派の合意を形成しなければならない。

(4) 私は、新たな核兵器用物質の生産を禁止する世界的な条約交渉のため努力する。

(5) 我々は、核兵器技術の拡散を停止し、各国が平和的原子力の保護の下で兵器計画を始めることができないよう確保しなければならない。

この論文ではオバマは核兵器のない世界を直接支持するものではなかったが、2007年10月2日のシカゴでの演説で、以下のように述べ、4人の提案を明確に支持する立場を表明した[*13]。

> 大統領として以下のように言うだろう。米国は核兵器の存在しない世界を追求する。我々は一方的な軍縮を追求するのではない。核兵器が存在するかぎり、我々は強力な核抑止を維持する。しかし、我々は、核不拡散条約の下での、核兵器の廃絶に向けた長い道への約束を守る。我々はロシアと協力して、両国の弾道ミサイルを即時発射警戒態勢から解除し、核兵器と核物質のストックを大幅に削減する。我々は、兵器用核分裂性物質の世界的な生産禁止を求めることから始める。さらに中距離ミサイルの米ロによる禁止を広げて、協定を世界的なものにするという目標を設定する。

さらに2008年7月24日に20万人の聴衆を集めたベルリンでの演説[*14]でも、「今や、核兵器のない世界という目標を新たに追求すべき時期である」と述べている。

2008年9月に米国軍備管理協会（ACA）のインタビュー[*15]に対しては、以下のように述べている。

> 大統領として、私は核兵器政策の新たな方向を設定し、究極的にすべての核兵器を廃絶するため努力するというNPT上の現在のコミットメントを米国が信じていることを世界に示す。ジョージ・シュルツ、ヘンリー・キッシンジャー、ウィリアム・ペリー、サム・ナンが要請しているこの目標の再確認、およびその方向に進むために彼らが提案している特定の措置を完全に支持している。……そして私は世界中の核兵器を廃絶するという目標を、米国の核政策の中心的要素とする。
>
> 核兵器に関する最も重要な目的は、いかなる核兵器も世界のいかなる場所においても使用されないようにあらゆることをすることである。核

兵器が存在する限り、米国は使用の発生を防止するために核兵器を保持する必要がある。しかしそれ以上のことをする必要がある。私は、核兵器の役割を低減し、究極的な廃絶へ努力するのに米国の指導力を回復する。核兵器のない世界は核兵器の使用の可能性がもはや存在しない世界である。

このようにオバマ大統領候補は、初期には核兵器のない世界をそれほど重要視するものではなかったが、4人の元高官の提案を徐々に支持するようになり、最後の段階では、彼らの提案を明確に支持するようになっていった。

2008年8月25日に民主党は、その全国大会で政策綱領を採択したが[*16]、そこにおいて、「米国は核兵器のない世界を追求し、その方向に進むための具体的行動をとる」と述べ、現行の諸措置は現在の危険に対応するのに十分ではなく、「核兵器が存在する限り強力で信頼できる抑止力を維持するが、核兵器への依存を低下させ、究極的にはすべての核兵器を廃棄する世界における方が、米国にとってより安全である」と分析し、「核兵器を廃絶するという目標を、米国の核兵器政策の中心的要素とする」と結論している。これはオバマ個人の考えであるだけではなく、民主党としての考えであり、一層の広がりを見せているものである。

このように、オバマ政権の核軍縮・不拡散政策は、オバマ個人の最初からの考えにおいても、ブッシュ政権とは異なり、核軍縮を大幅に進めることを主張し、核不拡散も多国間で協調的に推進しようとするものであった。しかし、シュルツらの提案の出現により、核軍縮に関する議論が活発に行われるようになり、特に「核兵器のない世界」という大きな目標が次第にオバマの政策に取り入れられ、また「核兵器のない世界」の提案の具体的軍縮措置も多くが取り入れられ、大統領選挙運動中に、大きな進展がみられることとなった。

5 むすび

　2007年1月の提案以来、このプロジェクトはその支持を拡大しつつ、議論を継続しており、特に2008年の大統領選挙を視野に入れつつ、米国の次期大統領に対する大きな訴えとなった。それ以前のブッシュ政権は米国の短期的な国益のみを考慮し、それを軍事力や政治力を中心とした手段で遂行するもので、国際法や国連など多国間主義に基づく国際協調を拒否するものであり、歴代の大統領の中でもきわめて異例のものであった。このプロジェクトの背景にはブッシュ政権の政策に対する異議申し立てが存在する。

　ジョージ・バンとジョン・ラインランダーも、「この計画は、いかなる長期的なビジョンももたず、義務の相互性を避けるブッシュ政権の限定的な軍備管理・削減努力への重要な黙示的な批判である」と分析している[17]。

　この提案の大きな特徴は、核兵器廃絶という大胆なビジョンと具体的な核軍縮措置を統合させているところにあり、「大胆なビジョンなしには行動が公平であり緊急であると認識されないし、行動がなければ大胆なビジョンが現実的であり可能であると認識されない」という考えに基づいている[18]。

　この提案で示されている考えは以下のように要約されている。

　　究極の目標を明確に表明することにより進展が促進されることになる。これが、今日の脅威に効果的に対応するために必要な国際的信頼と広範な協力を打ち立てる唯一の方法である。ゼロに向かうというビジョンなしには、下方への悪循環を止めるのに必要な協力を見出すことはできない。ある点では、核兵器のない世界という目標は非常に高い山の頂のようなものである。今日の混乱した世界からは、山の頂を見ることさえできないし、そこに到達することはできないと言いそうになる。しかし、山を下り続けることまたは立ち止まることの危険は、現実からして無視できない。我々はより高い場所へのコースを描かなければならないし、

それにより山頂がもっと見えるようになるだろう。[19]

　ここで提案されているのは、核兵器のない世界という大胆なビジョンに合意し、具体的措置を緊急に取り始めることである。最終目標として核兵器のない世界が描かれているが、それは一定の時間的枠組み内に到達することを主張しているものではない。

　マイケル・クレポンは、他の選択肢はどうかを検討し、「管理された」拡散と軍備管理は納得できる解答を提供しないし、核アナーキーは最悪の結末だし、米国の核支配の主張は世界的な核不拡散と軍縮規範の終焉となるので、合意された目的としての核廃絶が新たな核の危険を漸進的に削減するための最善の枠組みを国家指導者たちに提供すると述べる。[20]

　この問題は、シドニー・ドゥレルとジェームズ・グッドビーが「重要なのは、世界が核抑止というわなから脱却できないし、拡散は、世界を2種類の国家すなわち核兵器国と非核兵器国に分断している法的構造により阻止できるという結論を信じるか拒否するかである」と結論しているように、現状維持を続けるか、新たな挑戦に取り組むかという問題である。[21]

　シュルツ、ペリー、キッシンジャー、ナンの4人の米国の元高官は、その後もウォール・ストリート・ジャーナルに投稿を続けており、2010年1月20日には「我々の抑止力をどう保護するか」というタイトルで、2011年3月7日には「核拡散の時代における抑止」というタイトルで投稿している。[22]さらに5本目の投稿として、2013年3月5日に「核リスクを減少させるための次の措置：不拡散努力のペースは脅威の緊急性に今日マッチしていない」と題する投稿を行っている。[23]

〔注〕
* 1　George P. Schultz, William J. Perry, Henry A. Kissinger and Sam Nunn, "A World Free of Nuclear Weapons," *Wall Street Journal*, January 4, 2007. <http://www.fcnl.org/issues/item.php?item_id=2252&issue_id=54>
* 2　George P. Schulz, William J. Perry, Henry A. Kissinger and Sam Nunn, "Toward A Nuclear-Free World," *Wall Street Journal*, January 15, 2008. <http://www.nti.org/c_press/TOWARD_

A_NUCLEAR_FREE_WORLD_OPED_011508.pdf>
* 3 　特に2007年10月にスタンフォード大学フーバー研究所で開催された会議は、「レイキャビク再訪：核兵器のない世界に向けての諸措置」と題され、多くの元政府高官および専門家が参加し、(1) 核兵器の削減と配置転換、(2) 核兵器および核燃料の管理、(3) 核実験の規制と検証、(4) 地域的な対立と核兵器の拡散、(5) 核兵器のない世界という目標を共同の事業とすることが議論された。*Reykjavik Revisited: Steps Towards A World Free of Nuclear Weapons*, October 2007. <http://www.hoover.org/publications/books/online/15766737.html> またこの論文発表の直後には、2008年2月にノルウェー政府の主催で「核兵器のない世界のビジョンの達成」という会議が開催され、さらに議論が展開されている。*Achieving the Vision of a World Free of Nuclear Weapons: International Conference on Nuclear Disarmament*, February 26-27, 2008, Oslo, Norway. <http://disarmament.nrpa.no/?page_id=6>
* 4 　Mikhail Gorbachev, "The Nuclear Threat," *Wall Street Journal*, January 31, 2007. <http://www.wagingpeace.org/articles/2007/01/31_gorbachev_nuclearthreat.htm>
* 5 　Chair: Jessica Mathews, "A World Free of Nuclear Weapons," Carnegie International Nonproliferation Conference, June 25, 2007. <http://www.carnegieendowment.org/files/welcome1.pdf>
* 6 　Max Kampelman, "A World Free of Nuclear Weapons," Carnegie International Nonproliferation Conference, June 25, 2007. <http://www.carnegieendowment.org/files/welcome1.pdf>
* 7 　Margaret Becket, Secretary of State for Foreign and Commonwealth Affairs, United Kingdom, Keynote Address, "A World Free of Nuclear Weapons?" Carnegie International Nonproliferation Conference, June 25, 2007. <http://www.carnegieendowment.org/files/keynote.pdf>
* 8 　John Kerry, "America Looks to a Nuclear-Free World," *Financial Times*, June 24, 2008. <http://www.ft.com/cms/s/0/6bf6c51e-41fd-11dd-a5e8-0000779fd2ac.html?nclick_check=1>
* 9 　Douglas Hurd, Malcolm Rifkind, David Owen and George Robertson, "Start Worrying and Learn to Ditch the Bomb. It won't Easy, but a World Free of Nuclear Weapons is Possible." *The Times*, June 30, 2008. <http://www.timesonline.co.uk/tol/comment/columnists/guests_contributors/article4237387.ece>
* 10 　Lynne Welton, *The Vision of a World Free of Nuclear Weapons: A Comparative Analysis of the Op-Eds of Elder Statesmen and Defense Expert*, Institute for Peace Research and Security Policy at the University Hamburg, IFAR Working Paper #14, February 2010, pp.14-15. <http://www.ifsh.de/IFAR/pdf/wp-14.pdf>
* 11 　Helmut Schmidt, Richard von Weizsacker, Egon Bahr and Hans-Dietrich Genscher, "Toward a Nuclear-Free World: A German View," *International Herald Tribune*, January 9, 2009. <http://www.iht.com/articles/2009/01/09/opinion/edschmidt.php?page=1>
* 12 　Barack Obama, "Renewing American Leadership," *Foreign Affairs*, Vol.86, No.4, July/August 2007, pp.8-9.

* 13　"Remarks of Senator Barack Obama: A New Beginning," Speech given in Chicago, Il., on October 02, 2007. <http://www.clw.org/elections/2008/presidential/obama_remarks_a_new_beginning/>
* 14　Obama Press Release: Remarks of Senator Obama (Berlin, Germany), July 24, 2008. <http://2008Central.net/2008/07/24/obama-press-release-remarks-of-senator-barack-obama-berlingermany>
* 15　"Special Section: Arms Control Today 2008 Presidential Q&A: President-Elect Barak Obama," *Arms Control Today*, Vol.38, No.10, December 2008, pp.31-32.
* 16　Report of the Platform Committee, Renewing America's Promise: Presented to the 2008 Democratic National Convention, August 13, 2008. <http://www.politicalfact.com/media/files/demplatform2008.pdf>
* 17　George Bunn and John B. Rhinelander, "Reykjavik Revisited: Toward a World Free of Nuclear Weapons," World Security Institute, *Policy Brief*, September 2007, p.5
* 18　George P. Schulz et al., (note 1).
* 19　George P. Schulz et al., (note 2).
* 20　Michael Krepon, "Ban the Bomb. Really." *The American Interest*, Vol.III, No.3, Winter (Jan./Feb.) 2008, p.93.
* 21　Sidney Drell and James Goodby, "The Reality: A Goal of a World Without Nuclear Weapons," *Washington Quarterly*, Vol.31, No.3, Summer 2008, p.28.
* 22　米国の元高官4人による最初の4つの論文は以下に含まれている。George P. Schulz, William J. Perry, Henry A. Kissinger and Sam Nunn, *Toward a World without Nuclear Weapons*, Nuclear Security Project. <http://www.nuclearsecurityproject.org/uploads/publications/NSP_op_eds_final_.pdf>
* 23　George P. Schulz, William J. Perry, Henry A. Kissinger and Sam Nunn, "Next Steps in Reducing Nuclear Risks: the Pace of Nonproliferation Work Today doesn't Match the Urgency of the Threat," *Wall Street Journal*, March 5, 2013. <http://online.wsj.com/articles/SB10001424127887324338604578325912939001772.html>

第2節　オバマ大統領のプラハ演説と核軍縮政策

1　オバマ大統領のプラハ演説[*1]

　オバマ政権の核軍縮政策の最初の具体的進展として、2009年4月1日にロンドンで、オバマ大統領とロシアのメドベージェフ大統領の間で初めての首脳会談が行われ、戦略攻撃兵器の削減に関する新たな包括的で拘束力ある条約を本年12月までに締結すること、それはモスクワ条約をさらに

下回るものであることなどが合意された。これにより、新たな米ロ核削減条約交渉が再開されることになった。

オバマ大統領がその核軍縮政策の全体的な形を明らかにしたのは、4月5日のプラハでの演説であり、その演説は米国の新政権の核政策全体、特に核軍縮政策の全体的な形を詳細に明らかにするものであり、歴代の大統領の演説と比較しても、核軍縮に関しては最も重要かつ有意義な演説であると一般に評価されている。

大統領は、米国の安全保障と世界の平和にとって基本的な問題である「21世紀における核兵器の将来」に焦点を当てて話すとし、「冷戦は終結したが多くの核兵器が残っており、世界的な核戦争の脅威は消えたが、核攻撃の危険は高まっている」と最初に脅威の性質が大きく変化していると分析している。

続いて、「米国は、核兵器国として、また核兵器を使用した唯一の国として、行動する道義的責任がある。米国だけではこの努力は成功しないだろうが、我々は指導的役割を果たし、それを開始することができる」と述べた。米国大統領が核使用に対する道義的責任に言及したのは初めてのことであり、これまでの歴代政権とは大きく異なる態度がうかがえる。さらに「今日私は、核兵器のない世界における平和と安全保障を追求するという米国のコミットメントを、明確にかつ確信をもって述べる」とし、大統領として「核兵器のない世界」を追求する意図を明確に表明した。

演説の中心部分は以下の通りである。

> 米国は、核兵器国として、また核兵器を使用した唯一の国として、行動する道義的責任がある。米国だけではこの努力は成功しないだろうが、我々は指導的役割を果たし、それを開始することができる。
>
> 今日私は、核兵器のない世界における平和と安全保障を追求するという米国のコミットメントを、明確にかつ確信をもって述べる。私はナイーブではない。この目標はすぐに達成できるものではない。おそ

> らく私が生きている間にはできないだろう。そのためには忍耐と持続性が必要である。しかし、今や我々は、世界は変わりえないという人々の声を無視しなければならない。「我々はできる」ということを力説しなければならない。
> 　さて、我々が取らなければならない道筋について述べる。まず、米国は核兵器のない世界を目指して具体的な措置を取る。冷戦思考に終止符を打つため、米国の安全保障戦略の中での核兵器の役割を低減させるとともに、他の国も同じ行動をとるよう要請する。誤解のないように。核兵器が存在する限り、米国は敵を抑止するため、またその防衛を同盟国に保証するため、安全で確実で効果的な核戦力を維持する。しかし我々の核兵器を削減する作業を開始する。

　プラハ演説に含まれている具体的な核軍縮・核不拡散措置は以下の通りである。
(1) 核軍縮措置
　　まず核軍縮について、大統領は核兵器の役割の低減を追求する意思を表明し、しかし核兵器が存在する限り核抑止を維持するとし、具体的措置として、以下の3つの措置を挙げている。
①ロシアと新たな戦略兵器削減条約を交渉し、新条約を今年の終わりまでに追求する。
②包括的核実験禁止条約（CTBT）の米国による批准を即時にかつ積極的に追求する。
③検証可能な兵器用核分裂性物質生産禁止条約（FMCT）を追求する。
(2) 核不拡散条約の強化
　　次に大統領は「基本的なバーゲンは当然のものであり、核兵器国は核軍縮に向い、核兵器を持たない国はそれを取得せず、すべての国は平和的核エネルギーにアクセスできる。この条約を強化するためいくつかの原則を包含すべきである」と述べ、以下のような提案を行っている。

①国際査察を強化するため、もっと多くの資源および権限が必要である。
②ルール違反国あるいは条約脱退国に対して、現実のかつ即時の結果が必要である。
③国際燃料バンクを含む、民生用原子力協力のための新たな枠組みを作るべきである。
④すべての国は北朝鮮に方向を変えさせるよう圧力をかけるために協力すべきである。
⑤相互利益と相互尊重に基づきイランとの関与政策を追求し、明らかな選択肢を示す。

(3) 核テロリズムへの対応

第3に大統領は、「テロリストが決して核兵器を取得しないよう確保する必要がある。これは、世界の安全保障に対する最も差し迫った最大の脅威である」と述べ、以下の提案を行っている。
①世界中のすべての脆弱な核物質を4年以内に安全で厳重な管理の下に置く。
②闇市場を崩壊させ、核物質の移送を阻止し、危険な貿易を途絶させる。
③拡散防止構想（PSI）などを、恒久的な国際制度に変える。

2009年9月には核不拡散・核軍縮をテーマとする初めての国連安全保障理事会サミットがオバマ大統領の司会の下で開催された。採択された決議1887の内容は核不拡散および核セキュリティを中心とするものであったが、決議の前文において、「核兵器のない世界のための諸条件を創設すること」が規定されており、安全保障理事会のメンバーの間で、特に5核兵器国の間においても「核兵器のない世界」の追求が一般に受容されるようになった。

2 当時の国際安全保障環境

現在の国際社会においては、冷戦の終結により超大国間の核戦争の危険は大幅に低下しており、米ロの世界的な核戦争による核兵器の使用の危険

は減少したが、他方において、新たな国際安全保障環境の出現により、核兵器が使用される可能性が増大していると考えられている。オバマ大統領が核兵器のない世界を追求する理由として、核兵器廃絶に積極的な道徳的・理想的な側面が含まれていることは事実であるが、現実的な理想主義者として、現在の国際社会において新たな脅威が生じており、それに現実的に対応する必要性がその理由の中心であり、以下のような問題が指摘されている。

(1) 核テロリズム

米国本土に対する9・11の同時多発テロ攻撃以来、特に米国において核テロの脅威が増大している。米国の安全保障にとっての最大の脅威は、テロリストが核兵器その他の大量破壊兵器を保有することであると政府の声明でしばしば明記されている。テロリストは一層暴力的になっており、また核兵器のための物質が一層容易に入手できるようになっているので、この脅威はさらに増大している。

テロに関する最も深刻な問題は、テロリストはもし核兵器を入手したならばそれを使用することを躊躇しないという恐れである。それはどこから飛んできたのか明白ではないので、被害国が報復的に核攻撃を行う相手が不明である。さらに彼らは自爆をまったく恐れていない。核兵器国間の核兵器の使用を防止してきたと考えられている核抑止は、テロリストに対してはまったく効果がない。したがって、核テロの場合には、核兵器の保有の最大の理由であった核抑止がまったく効かないという状況が生じているのである。

(2) 非核兵器国

非核兵器国は核兵器の生産および取得を行わないことを約束しているが、環境保護の時代において、エネルギー安全保障のために、広範な原子力の利用を進めるという一般的な傾向が生じつつある。また原子力平和利用が、ウラン濃縮やプルトニウム再処理を含むこともある。これらの技術は核兵器の製造に直接関連しているので、核兵器の拡散の危険は増大している。

さらに、ウラン濃縮やプルトニウム再処理が広がることは、テロリストが核分裂性物質を入手できる機会が大幅に拡大することを意味している。

(3) 新たな核保有国

インドとパキスタンの情勢に関して以下のようないくつかの懸念が生じている。両国の間で相互抑止が機能するのか。計算違いや通信のミスで核兵器が誤って使用されることはありえないのか。パキスタンにおける核兵器の管理は十分なのか。パキスタンの核兵器がテロリストに与えられたり、盗まれたりする可能性はないのか。

イスラエルの核兵器は、その存在は正式にはイスラエルによって認められていないものであるが、近隣イスラム諸国に不安を生じさせており、イランが現在試みているように、いつかは核兵器を取得したいという意欲を湧き起こさせるものである。また北朝鮮における核問題も、近隣諸国に悪影響を与えている。イランの核開発はさらに深刻な状況に進みつつある。

(4) 核兵器国

現在においても米ロの核兵器の半分以上は警告即発射態勢で維持されているので、計算違いや誤解や誤った判断によって核兵器が使用される可能性が残されている。すでに冷戦が終結して20年以上経つのにこのような状況がいまだに維持されていることは、さまざまな場で批判されているが、米ロはそのような状態を維持している。

特に戦術核兵器の場合、その管理は戦略核兵器ほど厳重でないためテロリストに盗まれたり強奪されたりする可能性が高い。またブッシュ政権においては核兵器の予防的使用も検討されていたため、核兵器の使用の可能性を大きくするものであった。

(5) 評価

冷戦期において核兵器が使用されなかったのは、二超大国の間において相互確証破壊の理論が働いたからであると説明されることがあり、また冷戦期の長い平和は核兵器が存在したからであると説明されることがあるが、これらのことを証明するのは不可能である。[*2]

冷戦終結後、米国への主要な脅威は、イラク、北朝鮮、イランその他のならずもの国家が大量破壊兵器を取得することであると考えられていたが、9・11後は脅威の主要な対象はテロリストに移行している。

オバマ大統領がプラハ演説で強調したように、「今日、冷戦は消滅したが、何千という核兵器は消滅していない。歴史の奇妙な変化により、世界的な核戦争という脅威は低下したが、核攻撃という危険は増大している。核兵器を取得した国家が増大している。」このような核兵器使用の可能性の増大という懸念がオバマ大統領の核政策の主要な要因の1つとなっている。

ウィリアム・ウォーカーは、米国において核軍縮が主要課題として戻ってきた理由として以下の4点を挙げている。[*3]
①核兵器に基づく将来の混沌や大災害についての危惧の気持ちが戻ってきたことと同時に、核兵器の取得および使用のダイナミックスに関する管理の喪失が現れつつあること
②海外に影響力を行使し、米国の同盟国を保護する能力が、北朝鮮のように他にほとんど影響力を持たない国家による核兵器の保有により大幅に制約されていると米軍は考えており、核軍縮が戦略的判断において米国の利益になるという考え
③核不拡散条約および他の軍備管理の制度を再強化すべしという願望
④米国の政治的理想主義という伝統

ジョージ・パーコビッチとジェームズ・アクトンは、核軍縮が以前よりももっと真面目に取り上げられるべき理由として以下の5点を挙げている。[*4]
①NPTを発効させることによって、核兵器国は最終的に核兵器を廃絶することを約束している。
②原子力の拡大は、より厳格な検証・査察議定書や他の文書の普遍的な採択と同時に進められるのでなければ、安全保障を脅かすものになる。
③核テロリズムを防止することが、核兵器を確実に検証可能な方法で廃絶し、拡散を強制的に防止するために必要な措置を追求するもう1つの主

要な理由である。
④核兵器国がその核兵器の廃絶に失敗すれば、他の国々が次の10年に自らの核兵器を求めることになるだろう。
⑤核兵器の廃絶を試みる究極の理由は、核兵器が現実に作り出しうる突然の大量殺戮という危険を減少することである。

3　オバマ政権初期の核軍縮政策
核兵器のない世界の追求

オバマは2007年中頃の論文では、「核兵器のない世界」への支持を表明していなかったが、同年10月のシカゴ演説で明確に核兵器のない世界を追求すると表明した。核兵器のない世界の提案は、最近では、4人の元米国高官による2007年1月の「核兵器のない世界」の提案が最初であり、それは、核兵器国の指導者が核兵器のない世界という目標を共同の事業とするよう、米国は働きかけるべきであると主張していた。この提案は広く好意的に議論され、オバマ大統領もその影響を大きく受けている。プラハ演説でも、「今日私は、核兵器のない世界における平和と安全保障を追求するという米国のコミットメントを、明確かつ確信をもって述べる」とし、大統領として「核兵器のない世界」を追求する意思を明確に表明した。

大統領選挙直前の2008年8月に採択された民主党政策綱領でも、「我々は、核兵器を廃絶するという目標を、米国の核兵器政策の中心的要素とする」と述べられており、民主党自体の政策となっている。

この核兵器のない世界の追求については、多くの非核兵器国は好意的な反応を示しており、ブッシュ政権の場合とは大きく異なり、NPT再検討プロセスにも有益な影響を与えると考えられた。他方、ロシア、中国、フランスからは、彼らは核兵器にその国家安全保障を依存し続けるという意味で、慎重かつ消極的な反応が見られる。また短期的かつ現実的に、北朝鮮、イラン、インド、パキスタン、イスラエルの状況の分析から不可能であるとの反論も存在している。

しかし、オバマ大統領自身が、プラハ演説において、「この目標はすぐには達成できないだろう。たぶん私の生きているうちには達成できないだろう」と述べているように、この目標は一定の時間的枠組みの中で主張されているものではなく、長期的目標として掲げられているものである。これまでの主張と異なるのは、この目標が明確に前面に押し出され、この目標に向けて核軍縮の具体的措置をとっていくという考えであり、目標と具体的軍縮措置が機能的に結合されており、目標がきわめて強いレベルで強調されている点である。

オバマ大統領の核兵器のない世界の追求に関して、注意すべきもう1つの側面は、「核兵器が存在する限り、米国のあらゆる敵を抑止するために、安全で確実で効果的な核戦力を維持する」と述べ、核抑止を最後まで維持するという方針である。さらに、「米国が一方的に核廃絶するのではない」として、他の核兵器国と同時進行的に核削減を続ける意思を表明しており、米国が単独で核廃絶するという考えを否定している。その意味で、理想主義的な観点からの追求ではなく、現実的な観点からの追求であると考えられる。

核兵器の役割の低減

オバマ大統領は、プラハ演説において、「冷戦思考に終止符を打つために、我々は国家安全保障戦略における核兵器の役割を低減させ、他の国もそうするよう要請する」と、核兵器の役割の低減に明確に言及している。オバマは2007年の論文においても、危険で時代遅れの核態勢を改めることにより核兵器の役割を低減させるべきだと主張しており、民主党の政策綱領でも核兵器への依存を低減させることが謳われており、核兵器の役割の低減という政策はオバマ政権で確固とした地位を確保している。

米国元高官たちによる「核兵器のない世界」の提案は、米国の指導者は核兵器への依存を逆転するため行動すべきであると主張し、具体的には、冷戦態勢の核配備を変更し、警告時間を長くし、事故による核使用の危険

を減少させること、冷戦期からの大量攻撃計画を破棄することを提案していた。

オバマ政権により示された「米国政権の外交政策[*5]」において、オバマとバイデンは新たな核兵器の開発を停止し、米国とロシアの弾道ミサイルを警戒態勢から解除するためロシアと協力すると述べられている。また「米国政権の本土安全保障政策[*6]」でも、警告および決定時間を増やすためロシアと協力し、核兵器を瞬時の通告で発射できる準備状態に維持するという冷戦の危険な政策を、相互的にかつ検証可能な方法で停止するためロシアと取り組むと述べられている。

核兵器の役割を低減させるもう1つの方法は、核抑止の対象を核兵器による攻撃に限定すること、すなわち第一不使用（no first use）政策の採択である。イボ・ダルダーらは、「次期大統領は、米国の核兵器の唯一の目的は、他の者による核兵器の使用を防止することであると公表すべきである[*7]」と主張しており、多くのNGOも米国が第一不使用政策を採択することを期待している。

しかし、これまでのところオバマ政権は第一不使用については明確に言及することはなかった。しかしオバマの選挙運動をサポートしてきた民主党系の「国家安全保障諮問グループ」は、「通常兵器、生物兵器、化学兵器の攻撃を抑止するのに核兵器はほとんど信頼性がない。これらの非核攻撃を抑止し防衛するもっと有効な方法は、強力な通常兵器攻撃能力と強力な宣言政策である[*8]」と述べ、第一不使用政策の採用を主張している。

核兵器の削減

2009年4月のプラハ演説で、オバマ大統領は、「弾頭とストックパイルを削減するため、ロシアと新たな戦略兵器削減条約を交渉し、法的拘束力があり十分に大胆な新たな条約を今年の終わりまでに追求する」と述べた。その4日前の4月1日に、オバマ大統領は、初めての米ロ首脳会議を行ったメドベージェフ・ロシア大統領との間で新たな条約交渉の開始で合意し

ていた。

　オバマは2007年半ばの論文でも核兵器の削減の必要性を述べ、シカゴ演説でも核兵器の大幅削減を主張していた。米国の軍備管理協会からの質問に対する2008年9月の回答において、「米国とロシアはすべての核兵器——配備および非配備、戦略および非戦略——の真の、検証可能な削減を求めるべきである。私は第1期の終わりまでに、世界的な貯蔵の大幅な削減を実施するため、ロシアおよび他の核兵器国と協力することを約束する。このプロセスは、2009年12月に期限切れとなるSTART-I条約の基本的な監視および検証の規定を延長することにロシアの合意を得ることから始めるべきである」と述べていた。[*9]

　米国元高官たちによる「核兵器のない世界」の提案では、すべての核兵器国の核戦力の大幅削減を継続すること、2009年に失効する戦略兵器削減条約（START）の重要事項を延長すること、米ロ間においてモスクワ条約を超える一層の大幅削減に合意することが勧告されていた。

　オバマ政権が発足し、2009年3月6日にクリントン米国務長官とラブロフ・ロシア外相がジュネーブで会談し、12月に失効する第1次戦略兵器削減条約（START-I）に代わる新たな核軍縮条約について、年内の締結を目指す方針で合意が達成された。ここでは、START-Iの検証規定の延長という考えは放棄され、新たな条約を今年中に追求することが合意された。

　4月1日の米ロ首脳会議において、オバマ大統領とメドベージェフ大統領は米ロ関係全体に関する共同声明とともに、戦略攻撃兵器の一層の削減に関する交渉についての共同声明[*10]にも合意した。それによると、両大統領は、START条約を代替するため、戦略攻撃兵器の削減と制限に関する新たな包括的で法的拘束力ある協定を作成するための二国政府間交渉を始めることを決定した。米国とロシアは12月に条約が失効する前にこの協定を締結することを意図している。この関連で、交渉の代表者に対し、以下に基づいて交渉を進めるよう指示した。

(1)　新しい協定の主題は戦略攻撃兵器の削減と制限である。

(2) 将来の協定において、当事国は、現在有効な2002年の戦略攻撃力削減に関するモスクワ条約よりも低い戦略攻撃兵器の削減レベルを追求する。

(3) 新しい協定は、当事国の安全保障ならびに戦略攻撃兵器の予見可能性と安定性を相互に促進し、START条約の履行における当事国の経験から得られた効果的な検証措置を含む。

彼らはまた交渉者に対し、2009年7月までに新しい協定作成で達成された進展を報告するよう指示した。

核兵器の削減に関するもう1つの課題は、戦術核兵器に関するもので、米国元高官たちによる「核兵器のない世界」の提案は、前進配備の短距離核兵器を廃棄すること、NATO内でおよびロシアと話し合い、前進配備核兵器の統合を行うことを提案している。また、国家安全保障諮問グループも、欧州の米核兵器の撤去と、ロシアの戦術核兵器の削減と少数のサイトへの統合を含む取り決めを探究すべきであると勧告している。

核軍縮に関する第3の課題として、オバマはシカゴでの演説において、中距離ミサイルの米ロによる禁止を広げて、協定を世界的なものにするという目標を設定すると述べており、「米国政権の外交政策」も、中距離ミサイル禁止の米ロ協定を拡大して協定を世界的なものするという目標を設定すると規定している。

1987年に米ソ間で締結され、すでにすべて実行に移された「中距離核戦力（INF）条約」は、射程500-5500キロメートルの地上配備のすべてのミサイルを廃棄するものであり、オバマ提案はこの射程距離のミサイルを世界的に禁止しようとするものである。この範疇のミサイルを保有する国として、中国、北朝鮮、イラン、インド、パキスタンなどがあり、それぞれの固有の問題を抱えているため、早期に世界的に禁止することにはさまざまな困難が予想される。

包括的核実験禁止条約（CTBT）の批准

オバマ大統領は、プラハでの演説において、「核実験の世界的禁止を達成するため、我が政権は包括的核実験禁止条約の米国による批准を即時にかつ積極的に追求する」と述べており、2007年中頃の論文においても、「我々は最近の技術の発展を利用し、CTBT批准の超党派の合意を形成しなければならない」ことを強調している。

米国の元高官たちの「核兵器のない世界」の提案も、包括的核実験禁止条約（CTBT）の批准に向けて上院での超党派協議を開始すること、CTBTを発効させるプロセスを採択することを勧告していた。国家安全保障諮問グループも、「核実験モラトリアムの国際的支持を強化し、上院でのCTBT批准の手続きを開始し、その後発効のための努力をすべきである」と述べている。

このように、オバマ政権はCTBTの批准に向けて積極的な行動を取っていく意思を鮮明にしているが、これまでのところ具体的な動きは見られない。上院での批准の承認を得るためには、100人中67人の賛成が必要であり、そのため共和党員の数名の賛成を獲得しなければならない。

兵器用核分裂性物質生産禁止条約（FMCT）の交渉

オバマ大統領は、プラハ演説において、「兵器に必要な材料を遮断するため、米国は核兵器に使用される核分裂性物質の生産を検証可能な方法で停止させる新たな条約を追求する」と述べている。オバマは2007年中頃の論文においても、「私は、新たな核兵器用物質の生産を禁止する世界的な条約交渉のため努力する」と述べており、シカゴの演説でも、「兵器用核分裂性物質の世界的な生産禁止を求めることから始める」と積極的な意向を当初から示していた。米国の元高官たちによる「核兵器のない世界」の提案も、世界的に兵器用核分裂性物質の生産を停止することを勧告している。

オバマ政権による「米国政権の外交政策」においても、新たな核兵器物

質の生産を検証可能な方法で世界的に禁止する交渉を始めることが規定され、「米国政権の本土安全保障政策」でも、兵器目的の核分裂性物質の生産を終結させる検証可能な条約を交渉する世界的な努力をリードすることが規定されている。

核不拡散・核軍縮に関する国連安全保障理事会首脳会合

国連安全保障理事会はそれまで5回の首脳会合を開催してきたが、2009年9月24日に、オバマ大統領のリーダーシップの下で「核軍縮・核不拡散」をテーマとする初めての会合を開催し、5核兵器国の首脳と非常任理事国10カ国中9カ国の首脳が出席し、オバマ大統領が議長として会合を取り仕切った。この時期に会合が開催されたことは、オバマ大統領の「核兵器のない世界」を追求するという声明を背景に、核軍縮・核不拡散を一層強化し、推進するのに好ましいと一般に考えられ、会合では安全保障理事会決議1887が全会一致で採択された[*11]。

その決議は前文において、「NPTの目標に従い、より安全な世界を追求し、核兵器のない世界に向けた条件を構築することを決意し、」NPTの重要性を再確認し、その強化を要請し、非締約国に加入を要請している。核軍縮に関しては、米ロによるSTART後継条約の交渉を歓迎し、NPT第6条の下における核軍縮交渉を要請し、非核兵器地帯条約締結の動きを歓迎・支持し、CTBTの早期発効、FMCTの即時交渉開始を要請している。

しかしこの決議の大部分は、核不拡散に関する北朝鮮およびイラン問題、IAEAの強化、追加議定書への批准の問題、原子力平和利用に関する核セキュリティの問題、核テロ対策に関する問題や非国家主体への拡散防止の問題を取り上げている。「核兵器のない世界」は前文で言及されているだけであり、それ以上の具体的な発展もなく、核軍縮への取組みも目新しい動きはなく、内容の中心は核不拡散であり、特に核テロへの対応など核セキュリティに関わるものであった。

4　オバマ政権第1期の核軍縮の成果

ソウル演説

　ソウル核セキュリティ・サミットに出席のため韓国を訪れていたオバマ大統領は、2012年3月26日に韓国外国語大学において核問題全般にわたる演説を行い[*12]、政権第1期の3年目において、それまでの実績を誇るとともに今後の課題を明らかにした。特に核兵器のない世界および核軍縮に関する内容は以下の通りである。

① 　3年前、私はプラハを訪れ、核兵器の拡散を停止させ、核兵器のない世界を追求するという米国のコミットメントを宣言した。

② 　今や、核兵器のない世界へ向けての具体的措置を取るという第2の領域において進展するために、米国のリーダーシップが不可欠である。NPT締約国としてこれは義務であり、真剣に取り組んでいる。実際我々は道義的義務を負っている。核兵器を使用した唯一の国の大統領としてそう述べる。

③ 　3年の間に重要な進展を遂げた。ロシアとの間で新START条約の下で核兵器を削減しつつある。

④ 　大統領として、私は国家安全保障戦略における核兵器の数および役割を低減した。米国は新たな核兵器を開発しないことを明らかにしたし、核兵器のための新たな任務を追求しない。また核兵器を使用し、使用の威嚇を行う事態の範囲を狭くした。

⑤ 　政権の核態勢については、冷戦時から引き継いだ大量の核兵器は、核テロを含む今日の脅威にうまく対応していないと認識している。そのため昨年の夏に私は国家安全保障チームに我々の核戦力の包括的な研究を行うよう命令した。その研究はまだ継続中である。

⑥ 　私は、米国および同盟国の安全保障を確保し、いかなる脅威に対しても強力な抑止力を維持し、さらに核兵器を一層削減することが可能であると固く信じている。

⑦　さらに進んで、我々は、戦略核弾頭のみならず、戦術核兵器と予備の弾頭をも削減するという以前にはなかった措置をロシアと協議することを追求し続ける。

⑧　ここアジアにおいては、核兵器を増大している中国に対し、核問題の対話に参加するよう要請している。さらに我が政府はCTBTの批准を追求し続ける。また兵器用核分裂性物質の生産を検証可能な方法で終結させる新たな条約に向けての道を見出す時期である。

　この演説は、第1期の4年目は大統領選挙運動のためほとんど核軍縮の進展がなかったため、実質的にはオバマ政権第1期の核軍縮の成果の自己評価となっている。3年前にプラハ演説で核兵器のない世界を追求することを明確にし、そのための具体的措置についても米国がリーダーシップを取る道義的責任があり、実際にリーダーシップを発揮してきたことを強調しており、国家安全保障戦略における核兵器の数および役割を低減したと述べている。しかし一層具体的な削減など新たな核軍縮政策は現在、国家安全保障チームで検討中であるとしており、第1期の終了時までには発表されていない。核兵器の一層の削減、戦術核兵器と予備の弾頭の削減については、ロシアとの今後の協議で追求するとし、中国を核問題の対話に参加するよう要請していると述べ、今後の課題とされている。またCTBTおよびFMCTについても今後の課題として説明されている。

オバマ政権第1期の核軍縮の成果

　まず「核兵器のない世界」を追求するというオバマ政権の中心的課題は、プラハ演説がきわめて大きな影響を与えたこともあり、国際社会全体に核兵器廃絶に向けての新たなモメンタムを生み出すものとなり、この問題に関する積極的な議論を引き出す契機となった。その意味で「核兵器のない世界」という目標を追求すべきだと強く主張するオバマ政権の功績は大きなものであったと考えられる。

　2009年9月にオバマ大統領のリーダーシップで開催された核軍縮・核不

拡散に関する国連安全保障理事会での首脳会合は、この問題に焦点を当てた最初の安全保障理事会首脳会合であった。また5核兵器国を含む全会一致で採択された決議1887は、前文の最初のパラグラフで「核兵器のない世界のための条件を創設することを決意し」ており、このことは5核兵器国すべてがこの目標を支持していることを示している。

　2010年5月のNPT再検討会議でも、核兵器のない世界は広く議論され、会議の最終文書の行動計画の冒頭の「A原則と目的」のiで、「会議は、核兵器のない世界における平和と安全保障を達成することを決議する」と述べられ、行動1において、「すべての当事国は、この条約および核兵器のない世界を達成するという目的に完全に一致した政策を追求することにコミットする」と、最初の行動として言及されている。このように国際社会のほぼすべての国家が集まり議論する場において、コンセンサスで採択された文書の中のきわめて重要な箇所において「核兵器のない世界」が規定されており、このこともオバマ大統領の積極的な姿勢が国際社会に大きな影響を与え、かつ国際社会全体として支持されていることの証拠となっている。

　次に核兵器の役割の低減に関しては、核兵器の警戒態勢の低下・解除についてオバマ政権は初期の政策においては積極的な態度を表明しており、解除のためにロシアと協力し、相互的にかつ検証可能な方法で即時発射態勢を停止すると述べていたが、実際にはこの側面については交渉も行われず、まったく進展していない。核兵器の役割低減の第2の措置は核兵器の第一不使用政策の採択であり、2010年の米国の新たな核態勢見直し（NPR）において広く議論されたが、核兵器の「唯一の目的」は核兵器の攻撃を抑止することであるという政策を、今の段階では採用する用意ができておらず、その政策が採用できるような環境の創設に努力するとなっており、今後の課題とされた。第3は消極的安全保証の供与であるが、核態勢見直しにおいて、強化された消極的安全保証が採用され、NPTの締約国でありかつ核不拡散義務を遵守している非核兵器国には核兵器を使用せず、

使用の威嚇を行わないという政策が採用され、以前の1995年の宣言に比較してその範囲が拡大されより明確になっている。

第3に核兵器の削減については、米ロの間で2010年4月に新START条約が署名され、この条約は2011年2月に批准され発効し、両国の核兵器削減が実施されている。条約によると、両国は7年間で2018年2月までに、核弾頭を1550に、配備運搬手段を700に、配備・非配備運搬手段を800に削減することに合意している。米ロ間の核兵器削減条約交渉はオバマ政権発足後3カ月で開始され、当初目標としていたSTART条約が失効する同年12月までの締結には失敗したが、1年の交渉で合意に達したことは評価されるべきことであろう。またこの条約はブッシュ政権下での条約とは異なり、詳細な検証規定を含み、配備された核弾頭のみならず、運搬手段をも規制し、さらに配備されていない運搬手段を含めて規制しており、検証可能性、不可逆性、透明性の観点からより優れたものとなっている。

しかし削減数に関しては、ブッシュ政権時の核態勢見直しに従ったものであり、必ずしも大幅な削減にはなっておらず、オバマ政権の新たな核態勢見直しに従った新たな核兵器の削減が早急に実施されるべきであろう。また戦略核兵器のみならず非戦略核兵器の削減、さらに非配備の核兵器の削減についても両国間で早期に交渉されるべきである。NATO諸国に配備された米国の非戦略核兵器についても、2010年のNATOの新たな戦略概念および2012年5月のNATOの抑止・防衛態勢見直しにおいても、早期の撤去という措置は合意されておらず、ロシアとの交渉に依存する形になっている。

第4にCTBTについては、オバマ政権は政権発足以前から、またプラハ演説においても、その批准を即時にかつ積極的に追求すると述べており、ブッシュ政権とは正反対な立場を示して、上院にCTBTの助言と承認を求めて批准する意思を強く示していた。しかし結果的には、上院で3分の2の多数を獲得できる情勢にないこともあり、また新START条約の交渉さらには上院におけるその批准のための承認を優先させたことから、CTBT

は上院に提出されていない。

　第5にFMCTについては、プラハ演説でも、兵器に必要な材料を遮断するため、米国は核兵器に使用される核分裂性物質の生産を検証可能な方法で停止させる新たな条約を追求すると述べていた。オバマ大統領のプラハ演説の直後の軍縮会議（CD）において、FMCTに関する条約交渉のマンデートを持つ作業部会の設置に合意が見られ、10年以上停滞していた交渉の開始が可能になった。しかし実際にはパキスタンが手続き事項でさまざまな妨害を行い、この年には実質的な交渉を開始することはできなかった。2010年以降はパキスタンの反対のため、CDで作業部会の設置に合意できないため、この問題もまったく進展が見られなかった。

5　むすび

　オバマ大統領のプラハ演説は、歴代の米国大統領の演説の中でも飛び抜けており、核兵器を使用した唯一の国として、核軍縮に向けて行動する道義的責任に言及し、「核兵器のない世界」を追求する意図を明確に表明したものである。2009年は、その意味で、それまでのブッシュ政権の政策からの大きな変化を実行する年であり、単独主義から国際協調主義へ、軍事優先主義から国際法や国連を優先する方向に大きく変化した年である。

　米ロの関係もオバマ大統領により「リセット」され、対立的関係から友好的・協力的関係に変化し、核兵器削減交渉も再開され、1年後には新START条約が署名された。この条約は、以前のSTART条約の失効の後まもなく署名され、削減の継続性が維持されるとともに、ブッシュ政権時の戦略攻撃力削減条約が欠いていた検証可能性、透明性、不可逆性という核軍縮の中心的条件を満たすものであった。この条約は2011年2月に発効し、戦略兵器の削減が実施されており、ロシアの弾頭数は7年後に達成されるべき削減がすでに実現されている状況にもなっており、検証・査察も十分に行われ、条約の履行状況は順調であると考えられている。

　しかし、その後の進展およびその他の分野における進展は、当初オバマ

大統領により提唱されたものを含めほとんど実現されていない状況となっており、オバマ政権の第1期の後半はほとんど見るべき成果を挙げていない。その最大の外部的な要素は、ロシアとの関係におけるミサイル防衛問題である。米国は欧州に段階的にミサイル防衛を構築していく計画を明らかにしているが、それに関してロシアとの間に見解の対立が生じており、それが原因となって新START条約に引き続き合意されるべき核兵器削減交渉が開始されない状況となっている。国内的な要因としては、オバマ政権の核政策に対し共和党が強い反対の姿勢を示し、対立的な構造となっていることである。特に条約の批准承認には上院の3分の2の多数の賛成が必要なことから、民主党が過半数を獲得していても、一定の共和党員の賛成がなければ、上院の承認を得られないからである。新START条約は批准されたが、戦略核兵器の近代化を含む大幅な予算の増加など、批准承認の対価として、核軍縮に逆行するような政策をオバマ政権は受け入れざるを得なかった。

　2010年のオバマ政権による「核態勢見直し」報告書では、一定の進歩は見られるが、核兵器の役割の低減に関わる「第一不使用」や「警戒態勢解除」は取り入れられず、従来の政策が踏襲されている。また配備された戦略核兵器のみならず、非戦略核兵器および配備されていない核兵器をも含めた核兵器の削減については、方向性は示されているが、核態勢見直し報告書を具体的に実施するためのガイダンスがまだ発表されていないため、どのように実施に移されるかは明確ではない。

　またオバマ大統領が最初から重要な措置としてその実現を公約していた多国間の核軍縮課題であるCTBTとFMCTについてもほとんど進展が見られない。CTBTの米国による批准およびそれに伴うCTBTの発効という問題は、まったく前進が見られておらず、承認のためCTBTを上院に提出することも、共和党の反対をおそれて実現されていない。FMCTは一時交渉開始に合意が見られたが、主としてパキスタンの反対により交渉はまったく行われていない状況である。

このように、オバマ政権の第1期目における核軍縮の成果は、新START条約の締結と実施以外には、必ずしも芳しいものではないが、それまでのブッシュ政権の政策を大きく転換し、米国の外交姿勢を大きく変更したことは高く評価すべきである。また「核兵器のない世界」という大きな目標を提示することによって、今後の米国の方向性を示すとともに、その目標を米国だけでなく国際的な目標に拡大していくことに大きく貢献したことも評価すべきであろう。現実の国際政治および国内政治においてさまざまな障害に直面しているのは確かであるが、長い歴史的スパンで考えれば「核兵器ない世界」に向けてのプラハ演説とその後の核軍縮に向けての努力は、高く評価できるものと考えられる。

〔注〕
* 1　The White House, Office of the Press Secretary, "Remarks by President Barak Obama," Prague, Czech Republic, April 5, 2009. <http://www.whitehouse.gov/the_press_office/Remarks-By-President-Barack-Obama-In-Prague-As-Delivered/>
* 2　James E. Doyle, "Why Eliminate Nuclear Weapons?" *Survival*, Vol.55, No.1, February-March 2013, pp.12-14.
* 3　William Walker, "President-elect Obama and Nuclear Disarmament: Between Elimination and Restraint," IFRI Security Studies Center, *Proliferation Paper*, Winter 2009, pp.1-31. <http://www.ifri.org/securite_defense_walker_obama_nuclear_disarmament/pdf>
* 4　George Perkovic and James M. Acton, *Abolishing Nuclear Weapons*, Adelphi Paper 396, 2008, pp.109-110.
* 5　White House, The Agenda: Foreign Policy. <http://www.whitehouse.gov/agenda/foreign_policy/>
* 6　White House, The Agenda: Homeland Security. <http://www.whitehouse.gov/agenda/homeland_security>
* 7　Ivo Daarder and Jan Lodal, "The Logic of Zero," *Foreign Affairs*, Vol.87, No.6, November/December 2008, pp.80-95.
* 8　The National Security Advisory Group, *Reducing Nuclear Threats and Preventing Nuclear Terrorism*, October 19, 2007. <http://belfercenter.ksg.harvard.edu/files/Reducing%20Nuclear%20Threats-FINAL.pdf> この諮問委員会の作業グループには、以下の人々が含まれている。Graham T. Allison, Ashton B. Carter, Joseph Cirincione, Thomas E. Donilon, Robert J. Einhorn, Michael A. Flournoy, Leon Fuerth, Robert Gallucci, Ernst Moniz, George Perkovich, Wendy R. Sherman.

＊9 "Arms Control Today 2008 Presidential Q&A: President-Elect Barak Obama," *Arms Control Today*, Vol.38, No.10, December 2008, p.33.
＊10 The White House, Office of the Press Secretary, "Joint Statement by Dmitriy A. Medvedev, President of the Russian Federation, and Barack Obama, President of the United States of America, Regarding Negotiations on Further Reduction in Strategic Offensive Arm," April 1, 2009. <http://www.whitehouse.gov/the_press_office/Joint-Statement-by-Dmitriy-A-Medvedev-and-Barack-Obama/>
＊11 United Nations Security Council, SC/9746, 24 September 2009, "Historic Summit of Security Council Pledges Support for Progress on Stalled Efforts to End Nuclear Proliferation: Resolution 1887 (2009) Adopted with 14 Heads of State, Government Present," Department of Public Information. <http://www.un.org/News/Press/docs/2009/sc9746.doc.htm>
＊12 The White House, Office of the Press Secretary, "Remarks by President Obama at Hankuk University," Seoul, Republic of Korea, March 26, 2012. <http://www.whitehouse.gov/the-press-office/2012/03/26/remarks-president-obama-hankuk-university>

第3節　核兵器廃絶に関するその他の提案

1　核不拡散・核軍縮国際委員会の提案

　2008年8月に日本政府とオーストラリア政府のイニシアティブで設置された「核不拡散・核軍縮国際委員会（ICNND）」は、ギャレス・エバンス元外相と川口順子元外相を共同議長とした15名の専門家から構成され、2009年12月に「核の脅威を排除する──世界の政策決定者のための実際的なアジェンダ」と題する報告書を提出した。[*1]

　本報告書において、核軍縮についての重要課題に対応するための基本的なテーマとして、まず核兵器を非正当化することが主張され、核兵器の役割および有用性に関する認識を変更し、核兵器が戦略思考の中心を占めるものから周辺的なものとされ、最終的にはまったく不必要なものとすることがきわめて重要であると主張されている。またある諸国は核兵器が自国の安全保障に不可欠で正当で究極の保障であると主張しつつ、他の国は核兵器を保有する権利がないという状況は受け入れられないし維持できないと分析されている。

核兵器のない世界を達成するのは長くて複雑できわめて困難なプロセスであるので、最も現実的なのは2段階プロセスであり、中間的ゴールを最小化とし、究極のゴールを廃絶とする。短期（2012年まで）および中期（2025年まで）の努力は、遅くとも2025年までに「最小化地点」に到達することに集中し、その特徴は、非常に低い核兵器の数（現在の10％以下）と「第一不使用（no first use）」ドクトリンに合意し、それを反映した戦力配備と警戒態勢に合意することである。

基本的政策としては、2010年NPT再検討会議が20項目の声明に合意すべきこと、2025年までに米ロは核弾頭をそれぞれ500に削減すること、すべての核武装国（5核兵器国、インド、イスラエル、パキスタン）は核兵器の数を増やさない約束をすることである。ドクトリンとしては、すべての核武装国は、2025年までに明確な「第一不使用」宣言を行うこと、その準備がない場合は少なくとも、核兵器保有の「唯一の目的（sole purpose）」は他国による核兵器使用を抑止することであるという原則を受け入れるべきこと、拘束力ある国連安全保障理事会決議に支えられた新たな明確な消極的安全保証を与えるべきこと、核兵器は即時に使用できないものとし、核兵器発射の決定時間が長くし、警告即発射警戒態勢を解除すべきであることが提案されている。[2]

この報告書が提案する核廃絶に至る主要なプロセスは以下の通りである。
(1) 2012年までの短期的行動アジェンダ：冒頭のベンチマーク[3]
　(a) 戦略兵器削減条約（START）に続く条約に米ロが合意し、配備核兵器の大幅削減を実施する。
　(b) 核ドクトリンに関する早期の動きとして、すべての核武装国は、核兵器を保有する「唯一の目的」は他国が核兵器を使用するのを抑止することであると宣言する。
　(c) すべての核武装国は、NPTを遵守している非核兵器国に対し、彼らに核兵器を使用しないという、拘束力ある安全保障理事会決議により支えられた強力な消極的安全保証を与える。

(d) 核戦力態勢への早期の行動として、できるだけ広範に核兵器を「警告即発射」状態から交渉により解除する。
(e) すべての核武装国は核兵器を増強しないと早期に約束する。
(f) すべての核武装国による多国間の軍縮プロセスの基礎を準備する。
(g) 2010年NPT再検討会議において「核軍縮のための行動に関する新たな国際コンセンサス」に合意する。
(h) 包括的核実験禁止条約（CTBT）を発効させる。
(i) 兵器用核分裂性物質生産禁止条約（FMCT）の交渉を終結する。

(2) 2025年までの中期的行動アジェンダ：最小化地点への到達[*4]

(a) 中間的軍縮目的の漸進的達成および以下の特徴を持つ「最小化地点」への2015年までの到達
　―低い数：2000以下の核弾頭の世界（今日の核兵器の10％以下）
　―合意されるドクトリン：すべての核武装国による第一不使用の約束
　―説得力ある戦力態勢：そのドクトリンを反映した検証可能な配備および警戒状況

(b) 核軍縮交渉に影響しそうな平行する安全保障問題の漸進的解決
　―ミサイル運搬システムおよび戦略ミサイル防衛
　―宇宙配備の兵器システム
　―生物兵器
　―通常兵器の不均衡

(c) 核兵器のない世界への究極的移行を法的に支える包括的核兵器禁止条約のための土台の開発と構築

(d) 軍縮と不拡散の双方にとって重要な短期的措置（2012年までに達成されていない範囲）の完全な実施
　―包括的核実験禁止条約の発効
　―兵器用核分裂性物質生産禁止条約の交渉と発効、兵器用でないすべての核分裂性物質を国際保障措置の下に置く一層の協定の交渉

(3) 2025年以降の長期的行動アジェンダ：ゼロに到達[*5]

(a) 大規模戦争あるいは侵略の可能性が遠のき、核兵器がいかなる残存の抑止有用性も持たないような、十分に協力的で安定した政治状況を地域的および世界的に創設する。
(b) 通常兵器における不均衡、ミサイル防衛システムあるいはその他の国家的または国際機構の能力が、もはや核抑止能力の維持を正当化するほど本質的に不安定化させるものとみなされないような軍事的状況を創設する。
(c) 核兵器禁止のいかなる違反もすばやく探知されるという信頼を確保するような検証の状況を創設する。
(d) 核兵器を保有せず、取得せず、開発しないというその禁止義務に違反するいかなる国も効果的に処罰されることを確保する国際法制度および強制状況を創設する。
(e) いかなる国もウラン濃縮あるいはプルトニウム再処理を核兵器の開発のために悪用する能力をもたないという完全な信頼を確保するための燃料サイクル状況を創設する。
(f) 核兵器の設計と作成における個人のノウハウが禁止義務に反して悪用されないという信頼を確保するための個人監視状況を創設する。

このように、この報告書は核兵器の廃絶に関しては、2025年までに「最小化地点」に到達することを中心に組み立てられており、中期的目標が基本的な枠組みとなっている。さらにその中期的目標の中から2012年までに達成されるべき短期的措置が詳細に規定されている。ここでは、特に核兵器の非正当化や核兵器の役割低減が詳細に議論されており、その中でも核兵器の「第一不使用」や「唯一の目的」という政策の採用が重要視されている。

さらに2010年のNPT再検討会議が合意すべき以下の20の措置が、「核軍縮のための行動に関する新たな国際的コンセンサス」として提案されている。[*6]①核兵器廃絶の明確な約束の再確認、②NPT未加入核武装国による同様の約束、③包括的核実験禁止条約の早期発効、④核実験モラトリアム、

⑤CTBTO準備委員会の支持、⑥兵器用核分裂性物質生産禁止条約の交渉と早期発効、⑦核分裂性物質生産モラトリアム、⑧もはや軍事的に利用されない核分裂性物質への国際検証、⑨核兵器を増強しないという早期の約束、⑩核兵器の削減、第一不使用の約束、⑪最大保有国による大幅削減、⑫すべての核兵器国による削減、⑬核兵器の役割の低減、⑭明確な消極的安全保証、⑮核兵器の運用状況の変更、⑯透明性、⑰説明責任、⑱検証、⑲不可逆性、⑳全面完全軍縮。

逆に2025年以降に関しては、核兵器禁止条約の作成が可能になるための諸条件が列挙され、それらの検討が必要であるという内容であり、何年までに核兵器を全廃すべきであるかは明示されず、最終段階を詳細に明確に記述するというものにはなっていない。そこでの関心は、核兵器の廃絶を可能にするためのさまざまな諸条件の検討の開始であり、それらの諸問題をどのようにして解決すべきかという側面に重点が置かれている。

核兵器禁止条約については、現在配布されているモデル核兵器禁止条約の中にある概念を一層整備し発展させるための作業を始めるべきであり、多国間軍縮交渉の時期が来た時に、その交渉に情報を与えガイドすることができるような十分な草案を作成する目的をもって、その諸規定をできるだけ実用可能で実際的なものにし、そのための支援を構築すべきであると勧告している。[*7]

本報告書の副題が「世界の政策決定者のための実際的なアジェンダ」となっていることからも明らかであるが、本報告書は「実際的な（practical）」アジェンダに最大の重点を置いたものとなっている。またこの報告書は、2009年末に提出されているが、2010年春のNPT再検討会議に対する直近の提案として重要な役割を果たすものと考えられていた。また米国のオバマ政権において新たに検討中であった「核態勢見直し（Nuclear Posture Review）報告書」の作成へ影響を与えることも当然考えられていた。この米国の報告書は2010年4月に発表された。

ICNND報告書は、2010年NPT再検討会議を直接のターゲットとしつつ

も、2025年にいたる「最小化地点」までのきわめて詳細で具体的なさまざまな有益な提言を含んだものであり、核兵器のない世界に向けての道程を考える上できわめて有益な貢献となっている。最小化地点以降についても、その後の進展に不可欠な周辺のさまざまな重要な問題を提起しており、廃絶を一定期間までに具体的に規定するものではないとしても、その準備作業として当然検討すべき諸問題を提起しており、有益なものとなっている。

　ICNNDが提出した報告書のフォローアップの一環として、2011年5月に「核不拡散・核軍縮アジア太平洋リーダーシップ・ネットワーク」が、アジア太平洋の元政治家など外交・防衛のリーダーをメンバーとして発足した。核兵器がすべての国家および人々の生存を脅かしていることから、核兵器のない世界を支持するために結集し、アジアから核軍縮の重要性や実際的な核軍縮措置を積極的に発信することを目的としており、座長は元オーストラリア外相のギャレス・エバンスが務めている。これまで発足声明[*8]、設立声明[*9]、核セキュリティに関する声明[*10]、透明性に関する声明[*11]、軍縮への政治的意思欠如を非難する声明[*12]が出されている。

2　グローバル・ゼロ委員会の提案

　2008年12月9日にパリにおいて、100名の国際的指導者が、核拡散および核テロの脅威と戦うため、核兵器を廃絶する新たなキャンペーンを立ち上げた。そこには、ミハイル・ゴルバチョフ元ソ連大統領およびジミー・カーター元米大統領も含まれている。

　「グローバル・ゼロ」と呼ばれるこのイニシアティブは、段階的で検証を伴う削減を通じてすべての核兵器を廃絶する法的拘束力ある協定を達成するため、ハイレベルの政策作業と世界規模の大衆への呼びかけを結合するものである。各指導者は、特定の期日までに核兵器を廃絶する拘束力ある検証可能な協定を求める「グローバル・ゼロ宣言」に署名した。

　グローバル・ゼロの指導者たちは、核兵器の廃絶は一夜で起こるもので

はなく、何年にもわたる段階的で検証された削減を通じて実施されなければならないことを強調しており、基本的措置として以下の3つを含んでいる。
(1) 世界の2万7000の核兵器の96％にあたるロシアと米国の核兵器を大幅に削減する。
(2) ロシアと米国は、他の核兵器国も加わることにより、段階的削減により核兵器をゼロにする。
(3) 核兵器の将来の開発を防止するため、検証システムおよび燃料サイクルの国際管理を設置する。

この段階的計画を完成させるため、グローバル・ゼロは主要国からの著名な政治的・軍事的指導者および政策専門家による国際委員会を設置することなどが発表された。[*13]

START-I交渉の米国交渉団長であったリチャード・バート、元米上院議員チャック・ヘーゲル、メドベージェフ大統領補佐官イゴール・ユルゲンス、ロシア上院議員ミハイル・マルゲロフを含む23名のグローバル・ゼロ委員会は、2009年7月6-8日に予定されていた米ロのモスクワ・サミットに向けて、同年6月29日に「グローバル・ゼロ行動計画」を発表した。[*14] 行動計画は、4段階で2030年までに核兵器を全廃しようとするものである。その後、その提案は若干修正され、最終版が2010年2月に発表された。[*15]

核兵器廃絶に関するグローバル・ゼロ委員会の「グローバル・ゼロ行動計画」の主要な内容は以下の通りである。

第1段階（2010-2013年）
(1) 米ロの核兵器をそれぞれ1000に削減する交渉
　START後継条約の締結に引き続き、米ロはすべてのカテゴリーの核兵器の総数をそれぞれ1000に削減する（2018年までに実施される）協定を交渉する。
(2) 多国間交渉の準備

―米ロ二国間協定の締結までに、他のすべての核兵器国はその核兵器の総数を凍結し、均衡的削減の多国間交渉への参加を約束する。
―すべての核兵器国と主要な非核兵器国を含む定期的な協議会を開催する。
―すべての核兵器国は多国間交渉の技術的準備を行う。
―すべての核能力国（核兵器、核分裂性物質、濃縮・再処理施設、原子炉、研究炉保有国）は、核実験と兵器用核分裂性物質の生産を停止する。
―警戒態勢の解除、第一使用計画の最小化、非核兵器地帯の設置などを奨励する。

第2段階（2014-2018年）
(1) 多国間協定の締結

　　多国間枠組みにおいて、他のすべての核兵器国がその核兵器の凍結を2018年まで維持することに合意し、2021年まで均衡的削減を行う限りにおいて、米ロはそれぞれ500の総弾頭数に削減する（2021年までに実施される）ことに合意を達成する。法的拘束力ある国際協定は以下のものを含む。
―協定が発効するためには、すべての核兵器国がその協定に署名し批准しているという要件
―協定の発効に先立ち、核弾頭の安全で検証される解体、弾頭構成物および核分裂性物質の廃棄または民生利用への転換、および現存の核兵器を秘匿しない義務または新たな核兵器を秘密裏に製造しない義務の遵守を確保できる包括的な検証・強制システムの設置。検証・強制システムは以下のものを含む。①運搬手段、核弾頭、核分裂性物質の完全な目録、検査、査察、②核弾頭の解体、欺きの不存在を確認できる現地での事前通告なしのチャレンジ査察、③最先端の技術の広範な利用、④遵守に関する紛争解決および違反の場合の遵守の強制のための合意されるメカニズム

(2)　燃料サイクル保障措置の強化

　　多国間協定の交渉と同時に、すべての核能力国は、核物質が核兵器の製造へ転用されることを防止するため、民生用燃料サイクルへの包括的かつ普遍的保障措置システムの設置に合意する。その計画は、①すべての国家の燃料サイクル全体を国際保障措置の下に置くこと、②すべての国家によるIAEA追加議定書の採用、③国際燃料バンクおよびウラン濃縮およびプルトニウム再処理のための国際燃料サイクル管理を含む新たな保障措置の設置を含む。

第3段階（2019-2023年）
グローバル・ゼロ協定の交渉と批准
以下のものを含むグローバル・ゼロ協定——法的拘束力ある国際協定を交渉する。
　—2030年までにすべての核兵器国が総核弾頭をゼロにするための段階的で均衡的で検証される削減のためのスケジュール。すべての核兵器国は2021年レベルを2025年までに50％削減する。すべての国は2030年までにゼロに削減する。
　—協定が発効するためにはすべての核能力国（約50ヵ国）が署名し批准するという要件
　—協定はすべての国に署名のため開放
　—検証および強制システムの継続的実施

第4段階（2024-2030年）
すべての残余の核弾頭の廃棄
①すべての核兵器国は、すべての核兵器の段階的で均衡的で検証される解体を2030年までに完了させる。
②核兵器の開発および所有を禁止する検証・強制システムを継続的に実施する。

このように、グローバル・ゼロ委員会の提案は、2030年までに4段階ですべての核兵器を廃絶しようとするものである。その背後には、今日では核拡散および核テロの危険が増大しており、世界はもはや防止する能力を超え、核兵器が使用されるかもしれない「拡散の沸騰点」に近づきつつあり、この脅威を排斥する唯一の方法は、すべての核兵器の段階的で検証された多国間の廃絶、すなわちグローバル・ゼロであるという考えがある。

この計画は実際的で、明確に時期が示された短期、中期、長期、最終段階を含む最初から最後までの提案であり、すべての核兵器を廃絶するための法的拘束力ある国際協定の準備、交渉、批准、実施の4段階のプロセスを示したものである。委員会においては、それぞれの段階において達成されなければならない諸条件の現実的な検討を含んだ、最初から最後までの包括的な計画なしには、計画は成功しないと強く考えられており、またこれはきわめて長く困難なプロセスであるから、ゼロに向けての行程を早くスタートすればするほど、より早く核の脅威をなくすことができるであろうと考えられている。

米ロの核兵器の削減と多国間交渉の準備に4年（第1段階）、多国間協定の締結と燃料サイクル保障措置の強化に5年（第2段階）、グローバル・ゼロ協定の交渉と批准に5年（第3段階）、すべての核兵器の廃絶に7年（第4段階）ときわめて明確なスケジュールが示されている。この報告書は、主として国際安全保障、国際政治および国際軍事問題の専門家により作成されたものであり、核の脅威を削減し、20年で核兵器を廃絶するという明確な行動計画の提示となっている。

行動の最初から最後まで、全体としての道筋が明確に示され、それぞれの段階において取るべき措置が明確に提示されている点からして、この報告書は、核兵器廃絶を全体として考え検討する際のきわめて有益な提案となっており、20年という時間的枠組みを提示しつつ、各国の努力、特に核兵器国の積極的な対応を要請するものとなっており、実際の国際社会に

おける動きとの対比としても、きわめて興味深い議論の基礎を提供するものとなっており、有益な貢献となっていると考えられる。

その後、2012年2月にグローバル・ゼロNATO－ロシア委員会は、米国とロシアに対してヨーロッパ大陸にある戦闘基地からすべての戦術核兵器を撤去することを要請する報告書「NATO－ロシア戦術核兵器」を刊行しており[*16]、2012年5月には、グローバル・ゼロ米国核政策委員会が、米国およびロシアに対し、それぞれの核兵器の全体を80％削減して900とするよう要請する報告書「米国の核戦略、戦力構造と態勢を近代化する」を刊行している[*17]。

3　平和市長会議の提案

世界150カ国・地域の4500以上の都市が加盟している平和市長会議は、2020年までの核兵器廃絶を目指す「2020ビジョン（核兵器廃絶のための緊急行動）」を世界的に展開している。平和市長会議は2003年秋に「2020ビジョン」を策定し、世界の都市を中心に、市民やNGOと連携しながら、核兵器廃絶に向けた活動を行っている。

この「2020ビジョン」は、欧州議会、全米市長会議、核戦争防止国際医師会議（IPPNW）、全米黒人市長会議、都市・自治体連合（UCLG）、全国市長会議（日本）、日本非核自治体協議会から支持を得ている。

「2020ビジョン」の目標は以下の4点である。

---

(1) すべて核兵器の実戦配備の即時解除

　　世界には今もなお多くの核兵器が実戦配備されており世界の市民がその脅威に直面しており、誤算や誤ったコミュニケーションによる使用を含めた核兵器の使用を回避するため、すべての核兵器の実戦配備を即時に排除することを求める。

(2) 核兵器禁止条約の締結に向けた具体的交渉の開始

　　核兵器の全面的廃絶に対する核兵器国の明確な約束など、これま

でのNPT再検討会議などでの国際合意を根拠に、各国政府に対し「核兵器禁止条約」締結に向けた具体的交渉を開始するよう求める。
(3) 2015年までの「核兵器禁止条約」の締結
　　2015年までに、核兵器の製造、保有、使用などを全面的に禁止する「核兵器禁止条約」が締結されるよう、各国政府に要請する。
(4) 2020年を目標とするすべての核兵器の廃棄
　　厳格な国際管理の下において、被爆75周年となる2020年までに、地球上のすべての核兵器を廃棄することにより、核兵器の脅威から解放された平和な世界の実現を目指す。*18

　「2020ビジョン」の一環として、平和市長会議は2008年4月に「ヒロシマ・ナガサキ議定書」を発表した。これは核兵器廃絶に向けて各国政府がとるべきプロセスを示し、2020年までに核兵器を廃絶するための道筋を明らかにしたもので、核不拡散条約（NPT）を補完する議定書として位置づけられており、2010年のNPT再検討会議での採択を目標として実施されたものである。その概要は以下の4点にある。
(1) 核兵器国による核兵器の取得および核兵器の使用につながる行為の即時禁止
(2) 核兵器廃絶のための枠組み合意に向けた誠実な交渉の開始
(3) 2015年までに、核兵器の取得および核兵器使用につながる行為の禁止の法制化
(4) 2020年までに、核兵器廃絶に向けた具体的プログラムの策定・実施*19

　このように平和市長会議による提案は、2015年までに核兵器禁止条約を締結し、2020年までに核兵器の廃絶を実現しようとするものであり、具体的には2010年のNPT再検討会議で核兵器禁止条約に向けての交渉の開始が合意されることが期待されていた。
　この平和市長会議は、もともとは1982年に広島市長と長崎市長の呼び

かけにより開始された「核兵器廃絶に向けての都市連帯推進計画」であり、被爆都市が中心となって活動を広げていったものである。その意味で、核兵器の爆発という現実の被害を体験し、その被爆体験に基づいて、核兵器は二度と使用されてはならないという信念のもとに地方自治体が主体となって進めている運動である。そのため、核拡散を防止するとか、核テロの可能性を最小限にするといった実際的な目的のためでなく、核兵器そのものの違法性、非人道性および非道徳性を非難し、いかなる目的であっても核兵器の保有は認められないし、核兵器と人類は共存できないという信念に基づく運動であり、提案である。

したがって、その提案はきわめてシンプルなものであり、他の提案と比較しても、より短期間のうちに核兵器の全廃を達成しようとするものである。この提案の作成者は国際安全保障や核戦略論の専門家ではなく、核兵器の存在そのものを疑問視し、その一日も早い全廃を願っている地方自治体の構成員である。

2020ビジョンの具体的計画である「ヒロシマ・ナガサキ議定書」には国内からは1166の賛同を得ており、海外からは476の賛同を得て、2010年NPT再検討会議の議長に提出され、この活動は2010年6月に終了した。平和市長会議は、2011年11月の理事会において、2020ビジョンに基づく取り組みとして、①「核兵器禁止条約」の交渉開始を求める加盟国都市による市民署名活動を展開し、集めた署名を国連等に提出すること、②第8回平和市長会議総会の時期（2013年8月）に合わせ、各国政府関係者や専門家の集う高官レベルの会議が広島で開催されるよう機運を高めることなど8項目の取組を積極的に推進することを決定している。

4　むすび

2007年1月の4人の米国元高官による「核兵器のない世界」の提案を契機として、2009年4月のオバマ大統領によるプラハ演説があり、核兵器のない世界の構想が国際社会の中心的な議題となっていったが、それらを補

完しかつ強化する諸提案として、本節では核不拡散・核軍縮国際委員会（ICNND）の提案、グローバル・ゼロ委員会の提案および平和市長会議の提案を取り上げ、分析した。

　ICNNDの提案は2009年12月に提出されたものであり、全体として300頁を超える詳細な報告書であり、核兵器の廃絶に関連するさまざまな問題が多岐にわたって詳細に議論されており、主として2025年までに「最小化地点」に到達するための諸措置が強調されている。グローバル・ゼロの提案は当初2009年6月に提出され、最終版が2010年2月に提出されており、4つの段階を経て2030年までに核兵器を全廃することを提案するものである。平和市長会議の提案は2003年にすでに出されており、2020年までに核兵器を廃絶することを主張するものである。

　これらの諸提案はそれぞれきわめて有益なものであり、それぞれの立場から最善であると考えられている行動計画が提案されている。核の脅威についてもそれぞれであり、米国の元高官たちやオバマ大統領、グローバル・ゼロ委員会は主として最近の新たな核の脅威として、新たな核拡散の結果としての危険、また今後の核拡散の危険が強調され、さらに核テロの脅威が強調されている。特にテロリストには核抑止が効かないので、核兵器を廃絶すべきであるという主張が中心となっている。

　しかし、ICNND報告書における核の脅威は、現存の核武装国からの危険、新たな核武装国からの危険、核テロの脅威、原子力平和利用に関連する危険と4つの脅威と危険が検討されている。さらに平和市長会議の場合は、核兵器そのものが悪であり、核兵器の存在そのものを否定するという立場から核兵器の廃絶が主張されているのである。

　このように核兵器廃絶の背景やその動機はさまざまであるが、より平和でより安全な国際社会を構築していこうとする理念は共通しており、核兵器のない世界がより平和であり安全であるという基本的思考を基盤としている。これらの諸提案はさまざまな形で各国政府の政策に影響を与えており、国際世論の形成にも大きな役割を果たしている点からしても、また国

際的な議論を喚起し、国際社会として国際社会全体の利益を考える上でもきわめて重要なものと考えられる。

〔注〕

* 1　International Commission on Nuclear Non-proliferation and Disarmament, *Eliminating Nuclear Threats: A Practical Agenda for Global Policymakers*, Canberra/Tokyo, November 2009.
* 2　*Ibid.*, pp.xix-xx.
* 3　*Ibid.*, pp.xxvii-xxviii, 161-185.
* 4　*Ibid.*, pp.xxix, 186-202.
* 5　*Ibid.*, pp.xx, 203-212.
* 6　*Ibid.*, pp.153-155.
* 7　*Ibid.*, p.230.
* 8　APLN (Asia Pacific Leadership Network for Nuclear Non-proliferation and Disarmament), *Launch Statement*, 18 May 2011. <http://a-pln.org/worldpress/wp-content/upload/2011/03/APLNLaunchStatementFinal31.pdf>
* 9　APLN, *Inaugural Statement*, 12 December 2012. <http://a-pln.org/worldpress/wp-content/uplord/2012/09/APLNInaugurationMediaReleaseSeoul.pdf>
* 10　APLN, *Statement on Nuclear Security*, 13 June 2012. <http://a-pln.org/worldpress/wp-content/upload/2011/03/APLNNuclearSecurityStatement13vi12.pdf>
* 11　APLN, *Statement on Transparency*, 13 June 2012. <http://a-pln.org/worldpress/wp-content/upload/2011/03/APLN-Statement-on-Transparency-13-june-2012.pdf>
* 12　APLN, *Statement Deploring Loss of Political Will on Disarmament*, 13 September 2012. <http://a-pln.org/worldpress/wp-content/upload/2012/19/APLNStatementDeploringLossofPoliticalWillonDisarmament13September12.pdf>
* 13　Global Zero, "Launch Press Release," 9 December 2008. <http://www.globalzero.org/press-media/press-releases/launch-press-release>
* 14　Global Zero, *Global Zero Action Plan*, 29 June 2009. <http://www.globalzero.org/files/gzap_3.0.pdf>
* 15　Global Zero, *Global Zero Action Plan*, February 2010. <http://www.globalzero.org/files/gzap_6.0.pdf>
* 16　Global Zero NATO-Russia Commission Report, *Removing U.S. and Russian Tactical Nuclear Weapons from European Combat Bases*, February 2012. <http://www.globalzero.org/files/gz_nato-russia_commission_report_-_en.pdf>
* 17　Global Zero U.S. Nuclear Policy Commission Report, *Modernizing U.S. Nuclear Strategy, Force Structure and Posture*, May 2012. <http://www.globalzero.org/files/gz_us_nuclear_policy_commission_report.pdf>
* 18　平和市長会議「2020ビジョンキャンペーン」<http://www.mayorsforpeace.org/jp/

ecbn/index.html>
* 19　平和市長会議「ヒロシマ・ナガサキ議定書の概要とこれまでの取組」<http://www.mayorsforpeace.org/jp/activities/others/100625_hn_giteisho/index.html>

第4節　2010年NPT再検討会議

1　一般演説における議論

　核不拡散条約（NPT）再検討会議が、2010年5月3日から28日の4週間にわたり、ニューヨークの国連本部で開催された。会議は最終文書の採択に合意し、将来の行動計画についてはコンセンサスが達成された。2009年に米国にオバマ政権が発足して以来、オバマ大統領は「核兵器のない世界」を目指すと発言し、会議直前の2010年4月8日には、米ロ間で新START条約が署名された。このように核軍縮に向けての米国の積極的な姿勢を反映して、会議は良好な雰囲気の下で開始された。再検討会議に向けての前向きな背景としては、2007年1月の米元高官たちによる「核兵器のない世界」の提言、2008年10月のパン・ギムン国連事務総長の核軍縮5項目提案[1]、2009年4月のオバマ大統領のプラハ演説、2009年9月の国連安全保障理事会サミットと決議1887の採択[2]、2010年4月の米国の核態勢見直し（NPR）報告書の発表[3]、2010年4月の米ロによる新START条約の署名[4]などがある。

核兵器国の主張

　米国のクリントン国務長官は、米国はその役割を果たすとし、米国は核兵器のない世界のビジョンにコミットしており、そこに到達するために必要な具体的措置を取る、また核兵器国として核軍縮に向けて動く責任を認識しており、実際にそのようにしていると述べた。さらに、我々のNPTに対するコミットメントは我々自身の核兵器の役割と数を低減させる努力とともに開始されており、21世紀における脅威は巨大な核兵器によっては

対応できないものであるので、我々自身の核兵器の数を削減する不可逆的で透明性のある検証可能な措置を取りつつあると述べた。*5

ロシアは、NPTの諸条項を常に履行することにより、条約の崇高な目的を達成することに明確に貢献することを目指しており、最近の米ロの新START条約は両国の安全保障を強化するもので、両国が勝者となり、世界全体も利益を得ていると述べた。*6

フランスは、より安全な世界のための全体的な核戦略として、すべての国が軍縮をすべての側面において進展させるため努力すること、核兵器国のドクトリンが核兵器の役割を自衛の極端な状況にのみ限定することを主張した。*7

中国は、核兵器のない世界を設立するための核兵器の完全禁止と全面的廃絶という目的は、広く認識されるようになっていると述べ、国際社会は、核兵器完全禁止条約の締結を含み、段階的行動からなる長期的計画を適切な時期に作成すべきであると述べた。*8

5核兵器国は会議の3日目に共同声明を発表し、5核兵器国の共通の立場を明確にした。そこでは、核不拡散・核軍縮に関する国連安全保障理事会サミットの成功と決議1887の全会一致による採択に言及しつつ、国際社会は、NPTの目的に一致して、国際的安定性を促進する方法において、またすべての国の安全保障が減損されないという原則に基づいて、すべての国にとってより安全な世界を探求すること、および核兵器のない世界のための諸条件を創造することにコミットしていることを示していると述べている。*9

中間国の主張

日本は、唯一の被爆国として核兵器廃絶に向けての努力の先頭に立つ道義的義務があり、かつ非核三原則を厳守すると述べ、すべての国は、「核兵器のない世界」に向けて進むために、それぞれの立場の違いを乗り越え、多国間主義の精神をもって協力し共通の立場を見出すために努力すべきで

あると主張した。[*10]

　欧州連合（EU）は、すべての国にとってより安全な世界を探求すること、および核兵器のない世界のための諸条件を創造することへのコミットメントを再確認し、[*11]オーストラリアは、核兵器のない世界というゴールは核兵器国および非核兵器国双方の行動へのコミットメントによってのみ達成されうるもので、核兵器国はこのゴールにコミットし、リーダーシップを発揮し、核兵器廃絶へのコースを示すべきであり、非核兵器国はNPTの義務およびIAEA保障措置協定を遵守し、条約の不拡散制度を強化するため努力すべきであると主張し、さらにこの会議は核兵器のない世界というゴールに向けての勢いが増している時期に開催されていると考えていると述べた。[*12]

　ノルウェーは、国際社会はかってないほど核兵器のないより安全な世界に向けて動きつつある雰囲気となっていること、核兵器による危険に対処する最善の方法はそれを廃絶することであることにコンセンサスが得られつつあることは励みとなると述べつつ、新たな前向きの核アジェンダは、核兵器のない世界という全般的な政治目的を再確認すべきであることを主張した。[*13]

　オーストリアは、最も重要なことは核兵器のない世界というゴールが我々の努力の中心目標になったことであると述べ、パン・ギムン国連事務総長の5項目提案を支持し、核兵器禁止条約がグローバル・ゼロへのもっとも効果的方法であると述べ、[*14]スイスは、核兵器は役に立たないものであり、基本的に不道徳であり、国際人道法に関してその性質から違法であると述べ、長期的には、国連事務総長が提案しているように新たな条約という方法で核兵器を違法化すべきであると主張した。[*15]

非同盟諸国の主張

　非同盟諸国（NAM）は、核兵器のない平和な世界の実現が最高の優先順位にあるとし、核抑止ドクトリンは平和も安全ももたらさず核廃絶の障害

になっていると批判し、国際社会は、核兵器のない世界という目的をどのように実現するかについてのベンチマークと時間的枠組みをもった行動計画を採択すべきであり、核兵器禁止条約の検討を始めるべきであると主張する。また核兵器全廃に至るまでの間、普遍的で無条件で法的拘束力ある消極的安全保証の文書を締結する努力を始めるべきであると述べた。[*16]

新アジェンダ連合(NAC)は、核兵器の廃絶は核兵器が使用されない絶対的な保証であるとし、会議の成果として、核廃絶の明確な約束の再確認と、実際的措置の履行の加速の要請が不可欠であるとし、そのために明確な枠組みと測定しうるベンチマークを備えた行動計画が鍵になると述べる。[*17]

東南アジア諸国連合(ASEAN)は、すべての締約国がNPTの義務を厳格に遵守すること、核兵器国は2000年に合意された13項目を実施し、核兵器削減の具体的措置に合意し、さらに第一不使用を採用し、法的拘束力ある消極的安全保証を提供するよう要請している。[*18]

2 主要委員会・補助機関における議論

核兵器国の主張

米国は、オバマのプラハ演説に言及しつつ、核兵器のない世界における平和と安全保障を求めるという米国のコミットメントを再確認したが、そのゴールの達成は簡単ではなく、彼の生きている間には起こらないことを認識していたし、このビジョンの障害を克服するには忍耐と時間が必要なことを強調した。さらに核兵器禁止条約については、米国はそれに反対であり、核兵器禁止条約は短期的には達成不可能であり、したがって我々がとっているステップ・バイ・ステップ・アプローチの現実的な代替とはならないこと、諸問題のすべてを1つの交渉に結合しようとする試みは、行き詰まりの方式であり、そのような努力は、現実的で達成可能な諸措置からエネルギーと注目を逸らせてしまうであろうと述べた。[*19]

ロシアは、核兵器の廃絶は、強化された戦略的安定性およびすべての国のための平等な安全保障の原則の厳格な遵守の環境における全面完全軍縮

という究極のゴールとしてのみ議論が可能であり、さらにすべての核兵器国による核軍縮プロセスの進行、宇宙への兵器の配備の防止、地域的紛争などへの対応と結合した通常兵器増強の管理された停止といった措置が履行されることが必要であると述べた。[20]

フランスは、すべての国にとってより安全な世界を探求すること、核兵器のない世界のための諸条件を創造するために他のすべての諸国と努力することにコミットしているとし、死活的利益への攻撃に対する極限的な自衛の場合のみに核兵器の使用を限定すること、さらに核軍縮を可能にし、その進展のペースを決定する政治的・安全保障上の条件を考慮する必要があると述べた。[21]

中国は、すべての核兵器国は核兵器の完全な禁止および全面的廃絶というゴールに専念すべきであり、NPT第6条の義務を誠実に履行すべきであり、核兵器の恒久的保有を求めないことを公に約束すべきであると述べ、核兵器の完全な禁止および全面的廃絶という究極のゴールを達成するために、国際社会は適切な時期に核兵器の完全禁止に関する条約の締結を含め、段階的措置からなる有益な長期計画を作成すべきであると主張している。[22]

中間国の主張

日本は、日豪共同提案として提出した文書の核軍縮に関する部分を説明し、[23]①核兵器を廃絶するという核兵器国による明確な約束の再確認、②核兵器保有国に対し二国間または多国間で核軍縮を追求すること、③核兵器国は核兵器を削減し、少なくとも増強しないこと、④国家安全保障戦略における核兵器の役割を低減すること、⑤事故または無認可による発射の危険を減少させる措置をとること、⑥核削減プロセスに不可逆性と検証可能性の原則を適用すること、⑦核兵器能力に関する透明性を拡大すること、⑧CTBTの早期発効とモラトリアムの維持、⑨FMCT交渉の即時開始と早期締結および生産モラトリアムの宣言と維持を主張した。安全保証については、核兵器の役割の低減との関係で、NPTを遵守している非核兵器国に

対して核兵器を使用しないというより強力な消極的安全保証を与えるような措置をとるよう核兵器国に要請している。[*24]

オーストラリアは、核兵器の役割の低減に関して、会議の成果の中に、「核抑止を核兵器の唯一の目的とするという暫定的目標に向けて集団的に努力するという約束を挿入することを奨励する」と主張している。[*25]

ベルギーなど6カ国は、核軍縮につき、米ロによる一層の削減、他の核兵器国による核軍縮プロセスへの参加、核兵器の役割を低減する政策の追求、核兵器保有国による核兵器の全体的な保有の公表、核兵器の運用状況の低下、余剰核分裂性物質をIAEA検証下へ置くことを主張している。[*26]

非同盟諸国の主張

新アジェンダ連合（NAC）は、すべての核兵器の全面的廃絶にコミットし続けていると述べ、米ロの新START条約を歓迎しつつも、すべての核兵器国に対し、配備あるいは非配備、戦略あるいは戦術であれすべての核兵器の一層の大幅な削減およびその後の廃絶に導くプロセスに取り組むよう要請している。核兵器の役割の低減についても米国の最近の声明を歓迎し、他の核兵器国も同様の措置をとること、核兵器の全面的廃絶のためのプロセスを容易にすることを求めている。さらに核兵器の廃絶が核兵器使用に対する唯一の絶対的保証であることを強調している。[*27]

消極的安全保証については、NACは、それは核兵器の全廃を達成するための暫定措置であり、法的拘束力ある消極的安全保証は核兵器全廃に導く国際環境を促進するものであり、自主的に核兵器のオプションを放棄したNPT締約国にそのような保証を提供することは絶対必要であり、国際的に法的拘束力ある消極的安全保証をNPT非核兵器国に提供することは正当な安全保障上の懸念に対処するものであると主張している。[*28]

非同盟諸国（NAM）は、核兵器のない世界という目的の実現はNAM諸国の最高の優先課題であり、核兵器のない世界を獲得するために長い間闘ってきたし、この目的に向けてのあらゆる措置は、包括的かつ完全核軍

縮という最終目標に向けて進展するための土台として強化され利用されるべきであると述べた。このグループは、特定の時間的枠組み内で、強力かつ一貫した「核軍縮のための行動計画」に合意することを強く期待しており、すべての国と努力すべきだと考え、以下のような「核兵器廃絶のための行動計画のための要素」を提出した。*29 それは核の脅威を削減させる措置を含む2010年から2015年の第1段階、核兵器の削減のための措置を含む2015年から2020年の第2段階、核兵器のない世界の強化のための措置を含む2020年から2025年とそれ以降の第3段階から成り立っている。*30

第1段階：2010年から2015年
A 核脅威を削減することを目的とする諸措置
 1 以下の交渉の即時の同時的開始と早期の締結
  a 核兵器用の核分裂性物質の生産禁止条約
    交渉は、1995年と2000年再検討会議で支持されたシャノン・マンデートを基礎に行われることを確保する。
  b 以下の合意により核兵器の質的改善を停止させる。
    i すべての核兵器実験の停止（核兵器国から開始されるCTBTの批准）、CTBTの早期の発効、すべての核兵器実験場の閉鎖
    ii 核兵器の研究・開発の禁止を含め、現存の核兵器システムの向上のための新たな技術の使用を禁止する措置
  c 軍事政策および安全保障政策における核兵器の役割を排除するための核兵器国による核態勢の見直し
  d 核兵器の使用または使用の威嚇に対して非核兵器国を保証するため、普遍的で無条件の多国間で交渉される法的拘束力ある文書
  e 核兵器の使用または使用の威嚇を無条件に禁止する条約
  f 特に核兵器禁止条約を含め、一定の時間的枠組みの中で核兵器の完全な廃絶のための段階的プログラムに合意を達成するための「できるだけ早期の」国際会議

g 核兵器国および他の国家による、条約に付属する関連議定書の署名および批准を含め、トラテロルコ、ラロトンガ、バンコク、ペリンダバ、中央アジアの諸条約およびモンゴル非核地位の完全な履行、および新たな非核兵器地帯の設置
　　h 中東における非核兵器地帯の設置。この目的と目標を完全に実現するために中東に関する1995年決議の履行
　　i 核兵器および核兵器使用可能物質の貯蔵の明確で検証可能な宣言、および核兵器国により個別に、二国間で、集団的に実施される核兵器の削減をモニターする多国間メカニズムへの合意
　2 核兵器システムを実戦的準備態勢の状態から低下させること
B 核軍縮を目的とする諸措置
　1 2000年再検討会議で合意されたものを含め、NPTの下での軍縮義務とコミットメントの核兵器国による完全な履行。第6条に従った交渉プロセスの加速および13の実際的措置の履行
　2 核兵器の一層の削減（START）に関する交渉の締結
　3 FMCTの締結までの間、核分裂性物質の生産モラトリアム
　4 核兵器国により軍事利用から平和利用に移転された核分裂性物質をIAEA保障措置の下に置くこと
　5 2010年代を「核軍縮のための10年」として正式に開始し、その目的の実現を開始すること

第2段階：2015年から2020年
核兵器を削減し、国家間の信頼を促進することを目的とする諸措置
　1 核兵器を廃絶する条約の発効、および遵守を確保するための以下のような措置を含む単一の統合多国間包括的検証システムの設置
　　a 核兵器と運搬手段の分離
　　b 核弾頭から特殊核分裂性物質を取り出すことにつながる、核兵器を国際監視の下にある安全な貯蔵所に置くこと

c 核分裂性物質を含む核物質および運搬手段の平和目的への転換
　2　核分裂性物質、核弾頭および運搬手段を含む核兵器の目録作成の国際的機関による準備
　3　核弾頭運搬のためのミサイルの漸進的かつバランスのとれた削減
　4　2020年代を「核兵器の全面廃絶のための10年」と宣言することの2020年再検討会議での勧告

第3段階：2020年から2025年およびそれ以降
核兵器のない世界を固定することを目的とする諸措置
　1　以下のような措置の完成により、すべての核兵器を廃絶する条約およびその検証レジームの完全な履行
　　a すべての核兵器の廃絶
　　b 核兵器の生産のためのすべての施設の「平和目的」への転換
　　c 普遍的基礎により核施設への保障措置の適用

　NAMが提出した作業文書では、核軍縮に関する行動指向の勧告として、NPTの下での核軍縮約束の完全な履行、核軍縮の交渉プロセスの加速、核兵器禁止条約を含む特定の時間的枠組みを伴う核兵器廃絶条約のための具体的措置を含む核軍縮の行動計画に合意すること、軍縮会議でのFMCT交渉の開始、核軍縮措置を監視・検証するための常設機関の再検討会議による設置、新型核兵器の生産禁止の約束の再確認が列挙され、安全保証に関しては、核兵器の使用に対する非核兵器国への普遍的で無条件の法的拘束力ある安全保証の文書の交渉を要請している。[31]

3　核軍縮のための行動計画

　2010年NPT再検討会議では最終文書がコンセンサスで採択されたが、最終文書の中の核軍縮の部分の中で、特に「核兵器のない世界」に関連する項目は以下のように規定されている。[32]

A 原則と目的

行動1　すべての当事国は、条約および核兵器のない世界を達成するという目的に完全に一致した政策を追求することにコミットする。

行動2　すべての当事国は、その条約義務の履行に関連して不可逆性、検証可能性、透明性の原則を適用することにコミットする。

B 核兵器の軍縮

行動3　核兵器の全廃を達成するという核兵器国による明確な約束を履行するに際して、核兵器国は、配備および非配備のすべてのタイプの核兵器を、一方的、二国間、地域的、多国間の措置によるものを含め、削減し究極的に廃棄するための一層の努力を行うことにコミットする。

行動4　ロシア連邦とアメリカ合衆国は、戦略攻撃兵器の一層の削減と制限のための措置に関する条約の早期の発効と完全な履行を求めることにコミットし、彼らの核兵器の一層の削減を達成するためこれに続く措置につき協議を継続するよう奨励される。

行動5　核兵器国は、国際的安定、平和、減損しないかつ増加する安全保障を促進する方法で、2000年NPT再検討会議の最終文書に含まれる、核軍縮に導く措置に関する具体的進展を加速させることにコミットする。このために、核兵器国は特に以下のため迅速に取り組むことを要請される。

　　a　行動3で識別されているように、すべてのタイプの核兵器の世界的ストックパイルの全面的な削減に向けて迅速に動くこと

　　b　一般核軍縮プロセスの不可分のものとして、核兵器のタイプや場所に関係なく、すべての核兵器の問題に言及すること

　　c　すべての軍事的および安全保障上の概念、ドクトリンおよび政策において、核兵器の役割および重要性をさらに低減させること

d 核兵器の使用を防止し究極的にその廃絶へと導き、核戦争の危険を減少させ、核兵器の不拡散と軍縮に貢献することのある政策を議論すること

e 国際的安定と安全を促進する方法で、核兵器システムの運用状況をさらに低下させることに対する非核兵器国の正当な利益を考慮すること

f 核兵器の事故による使用の危険を低下させること

g さらに透明性を促進し、相互信頼を増加させること

核兵器国は上述の約束を2014年の準備委員会に報告することを要請される。2015年再検討会議は全体を検討し、第6条の完全な履行のため次にとるべき措置を審議する。

行動6 すべての国は、軍縮会議が、合意される包括的でバランスのとれた作業計画の中で、核軍縮を取り扱う補助機関を即時に設置すべきことに合意する。

4 核兵器のない世界をめぐる諸問題

核兵器禁止条約

非同盟諸国は、今回の会議において、「核兵器禁止条約を含む、特定の時間的枠組みをもつ核兵器廃絶のための具体的措置を含む核軍縮に関する行動計画に、遅滞なく合意すべきである」と主張し[*33]、2025年までに3段階で核兵器を廃棄する「核兵器廃絶のための行動計画のための要素」[*34]を提出し、核兵器禁止条約のための交渉を開始することを主張した。この提案には、非同盟諸国のみならず、スイス、オーストリア、ノルウェーなども支持を表明した。

これは2008年10月にパン・ギムン国連事務総長が主張した5項目提案に含まれていたものであり、そこで彼は、「すべての国、特に核兵器国は核軍縮交渉に入る要請を履行すべきであり、それは別個の相互に補強しあ

う諸文書の枠組みへの合意でありうるし、強固な検証制度に支えられた核兵器禁止条約の交渉を検討することもできよう」と述べた。[*35]

核兵器国はもちろん反対を表明し、たとえば米国は、「核兵器禁止条約または特定の諸措置のタイムテーブルについては、その見解に同意し得ない。それは近い将来に達成できないし、われわれのとるステップ・バイ・ステップの現実的な代替とはなりえない」と反対している。[*36]

最終文書においては、行動計画の「B核兵器の軍縮」のⅲにおいて、すべての国は核兵器のない世界の達成および維持に必要な枠組みを設置する努力の必要を承認するという文章の後に、「会議は、特に強力な検証システムに支えられた核兵器禁止条約または個別で相互に補強する文書の枠組みに関する合意に関する交渉の検討を提案している国連事務総長の核軍縮に関する5項目提案に注目する」という形で言及がなされた。これは2000年合意には含まれていない新たな進展である。

核兵器のない世界

オバマ大統領が一貫して主張する「核兵器のない世界」という文言は、2009年9月の国連安全保障理事会決議1887でも「核兵器のない世界のための諸条件を創設する」ことが前文に規定されていたが、この会議では一般的に支持され、最終文書のさまざまな個所で言及されている。NACは、「核兵器のない世界を達成するという目的に完全に一致した政策を追求することをすべての国に要請する」という文言を提案していた。[*37]

行動計画の冒頭の「A原則と目的」のⅰで、「会議は、……核兵器のない世界における平和と安全保障を達成することを決議する」と述べられ、行動1において、「すべての当事国は、条約および核兵器のない世界を達成するという目的に完全に一致した政策を追求することにコミットする」と、最初の行動として言及されている。

また「F軍縮を支援する他の措置」のⅰにおいて、「核兵器のない世界の平和と安全保障は公開性と協力を必要とする」と規定され、行動22に

おいて、核兵器のない世界の達成のために、軍縮・不拡散教育の勧告を履行することが奨励されている。

この「核兵器のない世界」の追求というオバマ大統領の言葉は、それ以前には現実の国際政治の中で使用されたことはなく、ここ1、2年の新たな進展である。

核廃絶の明確な約束

2000年合意の最大の成果であった「核廃絶の明確な約束」は、その後米国およびフランスがその有効性を否定したこともあり、2000年合意の有効性の再確認が大きな問題となった。日豪提案およびNAC提案ではその再確認が強調され、第1の措置として挙げられ、日豪提案は、「核兵器の完全な廃棄を達成するという核兵器国による明確な約束を再確認する」と規定していた。[*38]

この約束は「A原則と目的」のⅱで再確認されるとともに、行動3で、「核兵器の全廃を達成するという核兵器国による明確な約束を履行するに際して、」核兵器国は核兵器を削減し究極的に廃棄するための一層の努力を行うことにコミットすると規定されている。

また2000年の具体的軍縮措置が有効であることにつき、NAC提案は、2000年に合意された具体的軍縮措置の履行を加速させることを要請し、NAM提案も、2000年会議でコンセンサスで合意されたものをも含めた核軍縮の約束を完全に履行すること、交渉プロセスを加速させることを主張していた。

今回の文書は、「A原則と目的」のⅲで、2000年の実際的措置の継続する妥当性を再確認しており、また具体的軍縮措置に関する行動5も、2000年最終文書に含まれる核軍縮に導く措置の具体的進展を加速させることについて規定している。

時間的枠組み

核兵器禁止条約に関してNAMは2025年までの核兵器廃絶という時間的枠組みを提示したが、核兵器国は一般に時間的枠組みには反対であり、この問題も会議の1つの焦点となった。

会議での第1案では、具体的核軍縮措置につき2011年に協議を開始し、その結果を2012年に報告することが規定され、「事務総長は、普遍的な法的文書という手段によるものを含め、特定の時間的枠組み内で核兵器の全廃のためのロードマップに合意する方法と手段を検討するため、2014年に国際会議を開催するよう求められる」と規定していた。

しかし時間的枠組みに核兵器国が反対したため、第1案に含まれていたものはほとんど削除されたが、行動5における具体的軍縮措置については、核兵器国はそれらの約束を2014年の準備委員会に報告すること、2015年の再検討会議が検討し次にとるべき措置を審議することが合意されている。これで一応の時間的枠組みが含まれたことになるが、当初案にくらべて大きく後退している。

安全保証とFMCTに関しては、第1案は「軍縮会議が2011年会期の終わりまでに議論を開始できないならば、国連総会第66会期が議論をどう追求すべきか決定する」との規定が草案に含まれており、軍縮会議が活動しない場合の措置が用意されていたが、最終的には削除された。したがって、軍縮会議がなかなか作業計画に合意できない現状の中で、それを打破しようとする試みは削除されてしまった。ただし会議は、軍縮会議の作業を支援するため国連事務総長が2010年9月に高級会合を開くよう求めていることは規定されている。

核兵器の削減

日豪提案は、米ロ間の新START条約を含む、米国、ロシア、英国、フランスの核軍縮措置を歓迎し、すべての核保有国に対し、二国間または多国間で核軍縮の交渉を追求するよう要請し、また彼らに対し核兵器を削減

し、少なくとも増加させないという早期の約束をなすよう要請していた。NACは、すべての核兵器国に対し、核兵器の役割を低減させるという約束に一致して、非戦略および戦略核兵器を削減するよう要請している。

　最終文書は、核兵器の削減については、「B核兵器の軍縮」のⅱで、「会議は、核兵器国がすべてのタイプの核兵器を削減し廃絶する必要性を確認し、特に、最大の核兵器を保有する国がこの点での努力をリードすることを奨励する」と規定し、行動3は、「核兵器国は、配備および非配備のすべてのタイプの核兵器を、一方的、二国間、地域的、多国間の措置によるものを含め、削減し究極的に廃棄するため一層の努力を行うことにコミットする」と規定する。これに呼応して行動5のaは、「核兵器国は、すべてのタイプの核兵器の世界的ストックパイルの全面的な削減に向けて動くこと」が要請されている。

　さらに行動4では、米ロが新START条約の早期発効と完全履行にコミットし、一層の削減のため協議することが奨励されている。

　削減に関する行動計画では、すべてのタイプの核兵器と規定され、戦略核兵器のみならず戦術（非戦略）核兵器が含まれることは確かであるが、最終文書では戦術核兵器への直接の言及はまったく見られない。米国は戦略核兵器のみならず戦術核兵器についてもロシアと交渉すると主張していたが、ロシアは戦術核兵器への直接的な言及に反対した。ロシアは、戦術核兵器の削減は、米国の通常兵器およびミサイル防衛を含めた全体の文脈でのみ交渉が可能であるという姿勢を貫いた。

　行動5のbは、「一般核軍縮プロセスの不可分のものとして、核兵器のタイプや場所に関係なく、すべての核兵器の問題に言及すること」と規定しているが、第3案までは、「非核兵器国に配備されている核兵器」が主題であり、NATOの非核兵器国に配備された核兵器に焦点が当てられていたが、米国の反対で「場所にかかわりなく」という形で関係を残しながらも一般的な規定に変更された。これはまたロシアや中国が主張するように、他国に配備された核兵器は撤去すべきであるという主張に関係し、また非

同盟諸国や中国が主張するように、この核シェアリングはNPT第1、2条に反するという問題に主として関わっていた。

　EUは非戦略核兵器に関して、検証可能で不可逆的な削減と廃棄を目的とし、一般軍備管理・軍縮プロセスにそれらを含めることを要請し、この軍縮プロセスを促進させるため、一層の透明性と信頼醸成措置が重要なことに合意し、米ロに対し次の二国間核削減ラウンドに非戦略核兵器を含めることを奨励している。[*39] またドイツは欧州の10カ国を代表して、非戦略核兵器の削減と最終的な全廃が核軍縮プロセスに含まれるべきであると主張し、それに関する議論の開始を強く要求していたが、[*40] 戦術核兵器の削減の交渉にはロシアが反対し、それらの主張はすべて排除された。2000年最終文書は、具体的核軍縮措置として、第9項3で「非戦略核兵器の一層の削減」を含んでいたので、今回の合意は2000年合意からの後退であると考えられる。

核兵器の役割の低減

　オバマ大統領は2009年4月のプラハでの演説で、核兵器のない世界を求めるとともに、安全保障戦略における核兵器の役割を低減させると述べており、2010年4月の米国の核態勢見直し（NPR）では、①通常兵器を強化し、米国または同盟国への核攻撃の抑止を米国の核兵器の唯一の目的（sole purpose）とする目標をもちつつ、非核攻撃に対する核兵器の役割を低減させる、②死活的利益を防衛する極限的な場合にのみ核兵器の使用を考える、③NPT当事国でそれを遵守している非核兵器国に対しては、核兵器を使用しない、と規定された。[*41]

　2008年10月にパン・ギムン国連事務総長も、5項目提案において、「核兵器国は、非核兵器国に対して、彼らが核兵器の使用または威嚇の対象とならないことを保証することができる」と述べていた。2009年9月の国連安全保障理事会決議1887は、5核兵器国のそれぞれが1995年に与えた安全保証を想起し、そのような安全保証が核不拡散レジームを強化すること

を確認している。

会議における日豪提案は、「核兵器国および核保有国に対し、その国家安全保障戦略における核兵器の役割を低減することにコミットするよう要請し、核兵器国に対し、NPTを遵守している非核兵器国に対して核兵器を使用しないというより強力な消極的安全保証を供与するような措置を、できるだけ早く取るよう要請している。」

NAC提案は、核兵器の役割を低減させるという約束に従って、非戦略および戦略核兵器の削減の措置をとること、核兵器国を含む同盟参加国は、集団安全保障ドクトリンにおける核兵器の役割の低減および除去のために取った措置につき報告すること、核兵器の重要性を強調しまたはその使用の敷居を下げる軍事ドクトリンを追求しないこと、NPTの当事国である非核兵器国に対して法的拘束力ある安全保証を供与することも含めた暫定措置が検討されるべきであること、安全保証に関する現行の約束を完全に尊重することを要請している。

NAM提案は、核兵器の使用または威嚇に対する非核兵器国への安全保証に関する普遍的で無条件で法的拘束力ある文書の交渉を要請している。

米国は、会議において、南太平洋およびアフリカの非核兵器地帯条約の議定書を批准のために上院に送付する意思を明らかにし、NPRで消極的安全保証の範囲を拡大したこと、非核兵器地帯の関連でも法的拘束力ある議定書を支持してきたことを述べた。中国は、非核兵器国および非核兵器地帯に対する核兵器の使用禁止を従来から主張しており、この問題について普遍的で無差別で法的拘束力ある文書ができるだけ早く締結されるべきであると述べている。

オーストラリアは、核兵器の役割の低減に関して、「核抑止を唯一の目的（sole purpose）とするという暫定的目標に向けて集団的に努力するという約束を挿入することを奨励する」と主張している。[*42] この「唯一の目的」というのは、日豪政府にサポートされた核不拡散・核軍縮国際委員会（ICNND）報告書で使用されている用語で、第一不使用に代わる用語であ

る。第一不使用という概念は冷戦中のソ連の宣言政策として発表されていたが、運用政策では第一使用も予定されていたことが判明し、その用語の使用を避けたのである。この委員会は2012年までの措置として、核兵器を保有する唯一の目的は、他国の核兵器の使用を抑止することであると宣言することを提案している。[*43]

行動5のcは、「あらゆる軍事的および安全保障上の概念、ドクトリンおよび政策において、核兵器の役割および重要性をさらに低減させること」を規定している。

核兵器の運用状況の低下

この点に関する米国の核態勢見直し報告書は、戦略兵器に関する現在の警戒態勢を維持するとし、無許可や事故の発射の場合にミサイルが外洋に着弾するよう、すべてのICBMとSLBMの「外洋照準」の慣行を継続すること、核危機における大統領の決定時間を最大化するため、米国の指揮管制システムへ新たに投資すること、生存可能性を促進し、即時発射の動機をさらに減少させうる新たなICBM配備様式を開発することを規定しており、現行の政策からの大きな変更は見られない。

日豪提案は、「すべての核保有国に対し、事故または不許可の発射の危険を減少させる措置をとること、および国際の安定と安全保障を促進する方法で核兵器システムの運用状況を一層低下させることを要請する」と規定しており、NAC提案は、「すべての核兵器が高い警戒態勢から解除されることを確保するために、核兵器システムの運用準備態勢を低下させるために一層の具体的措置を要請する」ものであった。

NAMは2015年までの第1段階で、核兵器システムを運用準備態勢の状態から解除することを要請していた。中国も核兵器の事故または不許可の発射を回避する措置をとることを主張していた。

ニュージーランドは、チリ、マレーシア、ナイジェリア、スイスとともに、核兵器システムの運用状況の一層の低下に関する作業文書を提出し、

そこでは、①警戒レベルの低下は核軍縮のプロセスに貢献すること、②すべての核兵器が高い警戒態勢から解除されることを確保するため、核兵器システムの運用準備態勢の低下のため一層の具体的措置がとられるべきこと、③核兵器国に対しその核兵器システムの運用準備態勢を低下させるためにとった措置につき定期的に報告することを主張している。[*44]

　行動5のeは、「国際的安定と安全保障を促進する方法で、核兵器システムの運用状況をさらに低下させることに対する非核兵器国の正当な利益を考慮すること」と規定し、fは、「核兵器の事故による使用の危険を低下させること」と規定している。

　米ロ両国とも多くの核兵器を高い警戒態勢で維持しており、現状ではその警戒態勢を解除する意思がないことが示されている。

核兵器の使用禁止

　これまでのNPT再検討プロセスにおいて、核兵器の使用一般について議論されることはあまりなかったが、今回宣言政策との関連で議論が開始され、国際人道法の遵守にまで議論が広がっていった。

　NAMの行動計画の要素は、軍事政策および安全保障政策において核兵器の役割を排除することを規定していたし、また「核兵器の使用または使用の威嚇を無条件に禁止する条約」、すなわち核兵器使用禁止条約の即時交渉開始と早期の締結を規定していた。

　行動5のdは、「核兵器の使用を防止し究極的にその廃絶へと導き、核戦争の危険を減少させ、核兵器の不拡散と軍縮に貢献することのある政策を議論すること」を要請している。この部分は当初は、核兵器の使用または使用の威嚇を最小限にする宣言政策の議論が中心であった。

　また「A原則と目的」のvにおいて、「会議は、核兵器の使用による壊滅的な人道的影響に深い懸念を表明し、すべての国が常に国際人道法を含む適用可能な国際法を遵守する必要性を再確認する」と規定し、核兵器の使用に関する国際人道法の側面を取り入れることを確認している。これはス

イスなどによって提案され、若干の核兵器国の反対に直面したが、欧州や中南米の非核兵器国の強力な支持があり、最終文書に取り入れられた。これはこれまで核軍縮の議論であまり取り上げられなかった領域であり、核軍縮に向けての新たな道筋を提供するものであり、この側面からの核軍縮の進展が期待される。

5 むすび

　2010年NPT再検討会議は、最終文書を採択して成功裏に幕を閉じた。その成功の背景には、米国を中心として核軍縮を推進しようとする大きな国際的な潮流があり、会議の開催にいたる1年間には良好な国際的雰囲気が作り出されていた。ここでは、特にオバマ大統領の指導力が評価されるべきであろう。他方、参加国の間においても、2005年の会議の失敗およびそれに続く核不拡散体制の弱体化に対応するために、会議を成功させ、核不拡散体制の維持・強化を図るべきだとする一般的な意思が存在した。もちろん会議の失敗をいとわない若干の国が存在したが、将来の行動計画に関する文書はコンセンサスで採択すべきだとするほぼすべての参加国の意思が優越したものと考えられる。このように最終文書を採択し、特にその中の行動計画がコンセンサスで採択されたことから考えれば、また「核兵器のない世界」の追求という目標が広く受け入れられたことからも、今回の会議は成功であったと評価できる。

　今回の会議の開催以前には、核軍縮の進展がみられないどころか、米国ブッシュ政権の下における政策により、核軍縮に関する2000年の成果が無効とされることもあり、2000年合意の再確認という側面が強調された。これは米国がオバマ政権に変更していたこともあり、順調に進展し、「核兵器国による核兵器廃絶への明確な約束」を中心とする以前の合意は再確認された。

　今回の会議における新たな潮流としては、核兵器のない世界という考えが一般的に受け入れられ、核兵器禁止条約が初めて議論され、核軍縮の人

道的側面も議論に取り入れられたことが挙げられる。まず「核兵器のない世界」に関しては、オバマ大統領のプラハ演説を基礎に、国連安全保障理事会サミットにおける決議1887の採択で5核兵器国の賛意が表明され、再検討会議の最終文書でも、「会議は……核兵器のない世界における平和と安全保障を達成することを決議する」と規定され、行動1において「すべての当事国は、条約および核兵器のない世界を達成するという目的に完全に一致した政策を追求することにコミットする」ことを約束している。

核兵器禁止条約については、特に国連事務総長パン・ギムンの核軍縮5項目提案に含まれていたことが、最終文書で言及されている。そこでは「強固な検証制度に支えられた核兵器禁止条約の交渉を検討することもできよう」と述べられており、NPT再検討会議のプロセスにおいて、核兵器禁止条約の交渉の可能性が、初めて最終文書に規定されることとなった。非同盟諸国は、核兵器禁止条約の交渉を長く主張してきたが、これまでは議論することすら拒否されてきたことからすれば、国家間関係において正式の議題として認められたのであり、端緒についたばかりであるが、これからの議論の進展が期待できるものである。

さらに、スイスなどの提案により核軍縮の人道的側面がNPT再検討プロセスで初めて取り上げられ、最終文書は、「会議は、核兵器の使用による壊滅的な人道的影響に深い懸念を表明し、すべての国が常に国際人道法を含む適用可能な国際法を遵守する必要性を再確認する」と規定しており、核軍縮に向けての新たな次元を持ち込むものである。この側面は、他の軍縮措置でも強調されてきたものであるが、赤十字国際委員会などの積極的な関与もあり、大多数の諸国の支持するところとなっており、今後の一層の進展が期待されるアプローチである。

また今回の再検討会議は、オバマ大統領の主張をも反映する形ではあるが、「核兵器の役割の低減」という観点からの議論が活発に展開され、軍事政策および安全保障政策における核兵器の役割あるいは重要性を低減させるためのさまざまな具体的措置が、広範に議論された。核兵器のない世

界に向けての進展には、従来の戦略的安定性に基づく措置には限界があるため、核兵器それ自体の役割を低減させるためのさまざまな措置が実施されていくことが不可欠である。

〔注〕

* 1　UN Secretary-General's Address to East-West Institute, Secretary-General, SG/SM/11881, 24 October 2008. <http://www.un.org/News/Press/docs/2008/sgsm11881.doc.htm>
* 2　Resolution 1887（2009）Adopted with 14 Heads of State, Government Present, 24 September 2009. Security Council, SC/9746. <http://www.un.org/News/Press/docs/2009/sc9746.doc.htm>
* 3　United States Department of Defense, *Nuclear Posture Review Report*, April 2010. <http://www.defense.gov/npr/docs/2010%20Nuclear%20Posture%20Review%20Report.pdf>
* 4　The White House Blog, The New START Treaty and Protocol, April 08, 2010. <http://www.whitehouse.gov/blog/2010/04/08/new-start-treaty-and-protocol>
* 5　Statement by the United States, General Debate, May 3, 2010. 一般演説における各国の声明および各国の作業文書は、以下のサイトで閲覧可能である。2010 Review Conference of the Parties to the Treaty on the Non-Proliferation of Nuclear Weapons (NPT), 3-28 May 2010. <http://www.un.org/en/conf/NPT/2010/>
* 6　Statement by the Russian Federation, General Debate, 4 May 2010.
* 7　Statement by France, General Debate, 4 May 2010.
* 8　Statement by China, General Debate, May 4, 2010.
* 9　Statement by China, France, Russia, the United Kingdom, and the United States, General Debate, May 5, 2010.
* 10　Statement by Japan, General Debate, 4 May 2010.
* 11　Statement by Spain on behalf of the European Union, General Debate, 3 May 2010.
* 12　Statement by Australia, General Debate, 3 May 2010.
* 13　Statement by Norway, General Debate, 4 May 2010.
* 14　Statement by Austria, General Debate, 3 May 2010.
* 15　Statement by Switzerland, General Debate, 4 May 2010.
* 16　Statement by Indonesia on behalf of the Non-Aligned Movement (NAM), General Debate, May 3, 2010.
* 17　Statement by Egypt on behalf of the New Agenda Coalition, General Debate, 4 May 2010.
* 18　Statement by Vietnam on behalf of the Association of Southeast Asian Nations, General Debate, 4 May 2010.
* 19　Statement by the United States, Main Committee I, May 7, 2010; Statement by the United States, Subsidiary Body 1, May 10, 2010. 主要委員会Iにおける各国の声明は以下

のサイトで閲覧可能である。Reaching Critical Will, Government Statements to the 2010 NPT Review Conference. <http://www.reachingcriticalwill.org/legal/NPT/revcon2010/statements.html>

*20 Statement by the Russian Federation, Main Committee I, 7 May 2010; Statement by the Russian Federation, Subsidiary Body I, May 10, 2010.
*21 Statement by France, Main Committee I, 7 May 2010.
*22 NPT/CONF.2010/WP.63 by China, 6 May 2010.
*23 NPT/CONF.2010/WP.9 by Australia and Japan, 24 March 2010.
*24 Statement by Japan, Main Committee I, 7 May 2010.
*25 Statement by Australia, Main Committee I, 7 May 2010.
*26 NPT/CONF.2010/WP.69 by Belgium, Lithuania, the Netherlands, Norway, Poland, Spain and Turkey, 11 May 2010.
*27 Statement by Egypt on behalf of New Agenda Coalition, Main Committee I, 7 May 2010.
*28 Statement by Egypt on behalf of the New Agenda Coalition, Subsidiary Body I, 10 May 2010.
*29 Statement by Egypt on behalf of the Group of Non-Aligned States Parties, Main Committee I, 7 May 2010.
*30 Statement by Egypt on behalf of the Group of Non-Aligned States Parties, Subsidiary Body I, 10 May 2010; NPT/CONF.2010/WP.47 by Group of the Non-Aligned States Parties, 28 April 2010.
*31 NPT/CONF.2010/WP.46 by the Group of Non-Aligned States Parties, 28 April 2010.
*32 Final Document, 2010 Review Conference of the Parties to the Treaty on the Non-Proliferation of Nuclear Weapons, NPT/CONF.2010/50(Vol.I), New York, 2010. <http://www.un.org/ga/search/view.doc.asp?symbol=NPT/CONF.2010/50(VOL.I)>
*33 NPT/CONF.2010/WP.46 by the Group of Non-Aligned States Parties, 28 April 2010.
*34 NPT/CONF.2010/WP.47 by the Group of Non-Aligned States Parties, 28 April 2010.
*35 Secretary-General Address to East-West Institute, 24 October 2009, <http://www.un.org/News/Press/docs/2008/sgsm11881.doc.htm>
*36 Statement by the United States, Main Committee I, May 7, 2010; Statement by the United States, Subsidiary Body 1, May 10, 2010.
*37 NPT/CONF.2010/WP.8 by Egypt on behalf of Brazil, Egypt, Ireland, Mexico, New Zealand, South Africa and Sweden as members of the New Agenda Coalition, 23 March 2010.
*38 NPT/CONF.2010/WP.9 by Australia and Japan, 24 March 2010.
*39 NPT/CONF.2010/WP.31 by Spain on behalf of the European Union, 14 April 2010.
*40 Statement by Germany on behalf of Austria, Belgium, Finland, Ireland, Luxembourg, the Netherlands, Norway, Slovenia, Sweden and Germany, Subsidiary Body I, 12 May 2010.
*41 United States Department of Defense, *Nuclear Posture Review Report*, April 2010, p.17. <http://www.defense.gov/npr/docs/2010%20Nuclear%20Posture%20Review%20Report.pdf>

* 42　Statement by Australia, Main Committee I, 7 May 2010.
* 43　Gareth Evans and Yoriko Kawaguchi (co-chairs), *Eliminating Nuclear Threat: A Practical Agenda for Global Policymakers*, International Commission on Nuclear Non-Proliferation and Disarmament, 2009, p.161.
* 44　NPT/CONF.2010/WP.10 by New Zealand on behalf of Chile, Malaysia, Nigeria and Switzerland, 23 March 2010.

第5節　オバマ大統領のベルリン演説と核兵器運用戦略

1　オバマ政権第2期の核政策

　2013年6月19日、オバマ大統領はドイツ・ベルリンのブランデンブルグ門の前において演説を行い、オバマ政権2期目の核政策を含む米国の政策を明らかにし、その直後に、2010年4月に発表された核態勢見直し(NPR)報告書の内容を政府内での検討を終えて実施するための「米国の核兵器運用戦略」のファクトシートおよび報告書を発表した。

　本節では、まずベルリンにおけるオバマ大統領の演説および国務省による「核兵器運用戦略」を全体的に考察し、次にベルリン演説に含まれる米国の核軍縮政策を詳細に検討し、第3にオバマ政権第2期における核政策および核戦略を「核兵器の役割の低減」という側面から分析し、核兵器のない世界に向けてのビジョンへの意味合いを考える。

　オバマ大統領のベルリン演説は「正義を伴う平和（peace with justice）」という大きなテーマの下で、さまざまな課題を取り上げたが、核軍縮に関しては、「我々はもはや地球的壊滅という恐れなしに生活しているが、核兵器が存在する限り、我々は本当の意味で安全ではない」と分析し、「正義を伴う平和とは、その夢がいかに遠くとも、核兵器のない世界の安全保障を追求することを意味する」と述べた。このように、「核兵器のない世界」という目標の設定およびその目標の追求というオバマ政権の中心的課題は維持され、今後も中心的課題であり続けることが強調されている。

　2009年4月のプラハ演説は「核兵器のない世界」に向けての大きなビ

ジョンを述べたもので、理想的な演説であったが、熱狂的な支持を獲得し、世界中に新たな核軍縮の進展を予見させるものであった。2010年4月に米ロ間で新START条約が署名され、米国の新たな核態勢見直し（NPR）報告書が発表され、その直後の核不拡散条約（NPT）再検討会議はコンセンサスで最終文書の採択に成功した。しかしその後、米ロ関係の悪化や米国内における共和党との対立などを主要な理由として、「核兵器のない世界」への進展はまったく見られず、オバマ政権においてもあまり重視されない状況となっていたため、今回のベルリン演説は、オバマ政権がその第2期においても、プラハ演説で述べたビジョンを積極的に追求する姿勢を示すものとしてきわめて重要である。

　大統領はまた、ベルリン演説において、これまでの成果として、核兵器の拡散防止の努力を強化し、米国の核兵器の数と役割を低減したこと、新START条約のゆえに、米国とロシアの配備核弾頭を1950年代以来最少のものに削減する過程にあることを強調している。

　今後の重要な具体的な核軍縮措置として、大統領は、①戦略核弾頭の一層の削減、②戦術核兵器削減のためのNATO同盟国との協力、③国際核不拡散体制の強化、④核セキュリティ・サミットの開催、⑤包括的核実験禁止条約（CTBT）の批准、⑥兵器用核分裂性物質生産禁止条約（FMCT）の交渉開始を挙げている。

　米国の核兵器運用戦略に関するファクトシートは、今日大統領は、21世紀の安全保障環境に米国の核政策を一致させる新たな指針を発表したとし、これは彼のプラハ・アジェンダおよび核兵器のない世界における平和と安全保障を達成するという長期的目的を前進させる一連の具体的措置の最新のものであると述べている。

　2010年NPRおよび新START条約発効の後、大統領は国防省、国務省、エネルギー省、情報関連部局に対し、米国の核抑止の必要条件につき詳細な分析を行うよう命令した。大統領の新指針の中心部分は以下の通りである。

① 米国は信頼できる抑止力を維持することを確認する。
② 国防省に対し、米国の防衛指針および軍事計画をNPRの政策に一致させるよう命令する。そこには、米国は、米国、同盟国・パートナーの死活的利益を防衛するための極限的な状況においてのみ核兵器の使用を考えるということが含まれる。
③ 国防省に対し、非核能力を強化し、非核攻撃を抑止する核兵器の役割を低減することを命令する。
④ 国防省に対し、不測事態計画における攻撃下発射（LUA）の役割を検討し低減することを命令する。米国は攻撃下発射能力を維持するが、国防省は21世紀にもっとも起こりそうな不測事態の計画に焦点を当てる。
⑤ 核兵器ストックパイルのもっと効果的な管理に導くように、技術的および地政学的リスクをヘッジするための代替的アプローチを法典化する。
⑥ 核兵器が存在する限り、米国は、米国、同盟国・パートナーの防衛を保証する安全で確実で効果的な核兵器を維持する。

　その後は、演説にあるように、戦略核弾頭の最大3分の1の削減、欧州の戦術核兵器はNATOの決定によること、ロシアおよび中国との戦略的安定性の維持・改善が記されている。まとめとして、この見直しはNPRに述べられた政策を前進させるのに不可欠であるとされ、その結果生じる戦略は、ロシアおよび中国との戦略的安定性を維持し、地域的抑止を強化し、米国の同盟国・パートナーを再保証し、他方でどのようにして戦略および非戦略核ストックパイルを相互的に検証可能な方法で削減できるか、そして核不拡散条約の下での約束を遵守できるかについてのロシアとの交渉の基礎を提供するものであると述べている。
　「米国の核運用戦略報告書」は、2010年核態勢見直し報告書の継続とし

て、国防省が他の関連省庁と協議しつつ、より詳細な分析を行ったものであり、現在および将来の安全保障環境に対する米国の核計画を調整するため、米国の核抑止の諸条件を詳細に見直すことがその目的であり、この分析は、NPRに規定された米国の核兵器政策および態勢の以下の5つの主要な目的および追加的な1つの目的を支持するのに核兵器運用戦略にどのような変更が最善かを評価するものである。

① 核拡散および核テロリズムの防止
② 米国の国家安全保障戦略における米国の核兵器の役割の低減
③ 低減した核戦力レベルにおける戦略的な抑止と安定性の維持
④ 地域的抑止の強化と米国の同盟国・パートナーの再保証
⑤ 安全で確実で効果的な核兵器の維持
⑥ 抑止が失敗した場合の米国および同盟国の目的の達成

報告の内容は、核運用戦略への変更、米国の核態勢および核ストックパイルへのインプリケーション、追加的なインプリケーションにわたる詳細なものとなっている。

2　ベルリン演説における核軍縮政策

オバマ大統領は、ベルリン演説においてこれまでの核軍縮の実績を述べた後、さらになすべきことがあるとして、以下のような追加的な前進のための措置を発表した。

戦略核弾頭の一層の削減

第1に、「包括的見直しの後、我々の配備戦略核弾頭を最大3分の1削減しても、米国および同盟国の安全保障を確保し、強力で信頼できる戦略的抑止を維持することが可能であると私は決定した。冷戦期の核態勢を乗り越えるためにロシアとの交渉による削減を求めるつもりである。」これが今回のベルリン演説の中心的な提案であり、また具体的な行動を伴う重要な行動計画である。新START条約による戦略核弾頭の削減目標は1550で

あるため、ここから最大3分の1削減することを提案するもので、1000-1100への削減が考えられている。またこの措置は米国が一方的に実施するものではなく、ロシアとの交渉を通じて実行していく意図が明確に示されている。

新START条約が署名、批准され、実施されている中でその後継条約の交渉を早期に開始することが期待されていたが、米国の核態勢の詳細な検討が終了し、新STARTによる削減をさらに進める提案がなされたことは、若干遅すぎるという批判があるとしても、核兵器のない世界に向けての進展として高く評価すべきであろう。また、約500の削減であることから、削減数が少なすぎるという批判も存在するが、包括的見直しの後に、一層の削減の方向が明確に示されたことを評価すべきであろう。

新START条約は、2018年2月までに、米ロそれぞれが戦略核弾頭を1550に削減することを義務づけている。2013年3月1日現在の履行状況によると、米国は1654、ロシアは1480にまで削減している。[*5] ロシアは条約批准当時からすでに1550という最終削減数を下回っており、米国は大きく上回る弾頭を徐々に削減しているという状況である。ロシアは今後、戦略核兵器の大幅増強を含む近代化計画を明らかにしており、条約発効以来1550を下回っている核弾頭数を今後増強して2018年には1550にすることが予定されている。

ロシアの経済的状況から考えれば、今後さらに近代化を進めることによって米国とのパリティを回復しようとすることはある意味では無駄であり、米国が今の削減ペースを速めることにより、条約規定よりも早期に1550に削減することにより、米国とロシアの間のパリティを維持する方向が追求されるべきであろう。さらに、米ロが1000-1100への削減を早期に合意し、早期に実施することによって、ロシアの戦略核弾頭を増強することなしに、米ロのパリティを確保することが可能になる方向が早急に探究されるべきであろう。

次に、大統領はこの削減は米国が一方的に実施するものではなく、ロシ

アとの交渉による削減を求めると述べており、ロシアの対応が重要な課題となる。ロシアはこのオバマ提案には冷淡な反応を示しており、プーチン大統領は、核兵器の有効性を低減させる用意はないし、他の核兵器国も削減プロセスに含まれるべきだと主張し、さらに「我々は戦略抑止力システムのバランスを崩壊させる余裕はないし、その戦略核戦力の有効性を削減させる余裕はない。したがって、宇宙防衛システムの開発は軍事産業の主要な方向となるだろう。高精密非核兵器はその打撃能力からは戦略核兵器のレベルに近づいており、そのような兵器を保有する国はその攻撃能力を強力に増大する」と述べ、米国の推進するミサイル防衛および非核兵器の開発の観点からも、ロシアの戦略核兵器の削減には消極的である姿勢を強調している。*6

ラフロフ外務大臣も、次の核兵器の削減交渉には、核兵器を保有するすべての国家が参加しなければならないこと、ロシアが核兵器の削減を決定する際には、欧州における米国のミサイル防衛計画を考慮しなければならないこと、さらにいわゆる迅速グローバル打撃（PGS）兵器のような通常兵器が考慮されなければならないと主張し、今回のオバマ大統領の提案にはきわめて消極的な姿勢を表明している。*7

この戦略核兵器の一層の削減という問題のみならず、戦術核兵器の問題も含めて、世界的な核軍縮を推進させる基盤として、米国とロシアの良好な関係が不可欠であるので、ミサイル防衛に関する米ロの対立の解消または緩和に向けての措置への合意を初めとして、米ロ間の信頼関係の再構築が喫緊の課題である。

第3の課題は核軍縮一般に対する共和党を中心とする米国議会の反対の存在である。彼らはオバマ政権はまず核兵器の近代化を実施すべきであり、新START条約以上の削減には反対であり、今後の核兵器の削減は上院の助言と同意を必要とする条約という形式を取るべきであることを強く要求している。*8

オバマ大統領は、ロシアとの交渉により削減すると述べ、米国が一方的

に削減することには否定的であるが、削減が新たな条約によるか否かについては明確に述べていない。米国上院での条約の批准承認がきわめて困難であることが予想される中で、国務省の諮問機関である「国際安全保障諮問委員会」は、正式の条約によるのではなく、以前にも見られたように、米ロが戦略核弾頭を並行して相互的に削減することを提案しており、それにより同様の成果がより早く達成できるとしている。またそれらの措置の検証は、現存の新START条約の検証規定で実施できるので問題はないとしている。[*9]

戦術核兵器の削減

第2に、「我々は、欧州における米国とロシアの戦術兵器の大幅な削減を求めるためNATO同盟国と協力していく」と述べ、戦術核兵器についても米国政府が積極的に削減を追求する姿勢が示されている。しかし、米国とロシアの戦術核兵器削減のため両国の交渉を追求するというのではなく、そのために米国とNATO同盟国が協力するとなっており、ロシアとの交渉の前段階であるNATO内部での意見調整が図られるとされている。

NATO同盟国に配備されている米国の戦術核兵器については、2012年5月のNATOシカゴ・サミットで「NATO抑止・防衛態勢見直し」[*10]文書が合意されている。そこでは核兵器はNATOの抑止・防衛能力全体の中核的要素であり、核兵器が存在する限りNATOは核同盟であり続けることが確認され、非戦略核兵器の削減については、ロシアがNATOより多くの非戦略核兵器を保有しているため、ロシアの戦術核削減を考慮しつつ、ロシアによる相互的な措置との関連において、NATOの非戦略核兵器の削減を検討する用意があると述べられている。ドイツ、オランダなどは配備核兵器の撤去を主張しているが、旧東欧諸国はロシアの脅威に対応するために非戦略核兵器が必要であると主張しており、NATOはコンセンサスで意思決定されるため、新たな政策に合意することがほぼ不可能な状態になっている。

核運用戦略においても、米国は、米国の同盟国・パートナーの拡大抑止

と保証を支えるため、重爆撃機と両用航空機に核兵器を前進配備する能力を維持し、欧州では、2012年NATO抑止・防衛態勢見直しに従って、またNATOの状況からして同盟の核態勢を変更することが適切であるとNATOが決定するまで、前進基地態勢は維持されるべきであると述べられている。

このような状況から考えるならば、オバマの提案は「大幅な削減」という用語を使用しているが、新たな実質的かつ効果的な提案をするものではなく、現状維持的なきわめて消極的な対応である。ダーリル・キンボールは、冷戦が終結して20年以上たった今、2000のロシアの戦術核弾頭は軍事的な理論的根拠を全く持っていないし、米国の欧州配備の180の核弾頭も軍事的必要性を持っていないので、この行き詰まりを打開するためには大胆な行動が必要であり、オバマ大統領は、米国の戦術核兵器を5年以内に撤去する用意があると声明し、ロシアが相互的な行動をとるよう圧力をかけるべきであると主張している。[*11]

核不拡散体制の強化

第3に、「我々は平和的原子力のための新たな国際的枠組みを構築し、北朝鮮とイランが求めている核兵器化を拒否することができる」と述べ、国際的な核不拡散体制の強化に向けての努力目標を掲げ、特に北朝鮮とイランが核兵器を完成させることを阻止する意思を表明している。

核運用戦略においても、核テロリズムに続く他の緊急を要する脅威は、特にイランと北朝鮮における核拡散であると分析し、米国は、イランが核兵器を取得することに反対しそれを防止することにコミットしていること、北朝鮮の核兵器努力の正当性を受け入れないことを強調し、イランと北朝鮮の両者に対し、彼らの国際法義務の継続する違反に責任を取らせ、それらの義務を遵守させるために、外交を通じて、強固な制裁措置などを追求し続けると述べている。

核セキュリティ・サミットの開催

　第4に、米国は、世界中の核物質を厳重に管理するための努力を継続するために、2016年にサミットを主催すると述べる。プラハ演説では4年以内に世界中の核物質の厳重な管理を行うため2010年に核セキュリティ・サミットを開催することを宣言した。それを実施した後、2012年に韓国でサミットが開催され、2014年にはオランダでの開催が予定されており、その2年後、オバマ政権の最終段階で再び米国で開催することが宣言された。これは、核セキュリティに対するオバマ大統領の関心がきわめて高いことを表すものである。

　核運用戦略においても、今日の最も即座の極限的な危険は核テロリズムであり続けていると分析し、アルカイダや他の過激派が核兵器を手に入れようとしており、彼らが核兵器を入手すればそれを使用すると仮定しなければならないと述べている。

　核セキュリティの課題は、オバマの大統領キャンペーンから最重要課題として常に強調されてきたものであり、当初はプラハ演説から4年以内にすべての核物質の厳重な管理を行うと主張していた。新たな分野としてオバマの積極的な関与で多くの進展が見られたが、4年以内に完結することは不可能であり、その後さらに継続する意思が明確に提示されたことは、より厳格な管理に向けての彼自身の危惧と問題の重要性を示唆するものであり、一層の進展が期待されるものである。

　「オバマ大統領の最大の成功は、世界中の脆弱な核物質を管理する努力であり、当初予定していたように4年間ですべての仕事を成し遂げることはできなかったが、ほぼすべての国が合意している任務である」[*12]と言われているように、一般に高く評価されている。

CTBTの批准

　第5に、包括的核実験禁止条約の批准に対する米国上院の支持を構築するために努力することが謳われている。これもプラハ演説以来のオバマ大

統領の優先課題の1つであるが、上院の共和党の強い反対に直面し、批准の承認のために条約を上院に提出するという手続きはまだ取られていない。CTBTの発効を達成するためにも、その第1の措置として米国による条約の批准は不可欠であり、米国の批准を出発点として残りの7カ国の批准を追求することが望ましい。しかしながら、上院で3分の2の賛成を獲得する可能性は現在ではきわめて低いものであり、近い将来におけるこの措置の達成は困難であろう。

FMCTの交渉開始

第6に、核兵器のための核分裂性物質の生産を停止させる条約の交渉の開始をすべての国に要請している。これもプラハ演説以来のオバマ大統領の優先課題の1つであるが、ジュネーブの軍縮会議（CD）では、特にパキスタンの強力な反対に直面し、コンセンサス・ルールで運営されている軍縮会議では条約交渉の展望は見えていない。プラハ演説直後の2009年の軍縮会議は、このカットオフ条約の交渉開始を含む作業計画に合意できたのであるが、パキスタンは手続き事項の側面から反対したため実質的交渉に進めることができず、2010年以降は作業計画にも合意できない状況となっている。そのため軍縮会議の外での交渉の可能性を含めさまざまな代替案が議論されているが、それらの案にも強い反対があり、早期の解決は困難なように思える。

核軍縮に関する演説の部分の最後に、オバマ大統領は、「これらが、我々が核兵器のない世界を創設するために実施することのできる諸措置である」と述べ、締めくくっている。

3 「核兵器の役割の低減」からの分析

核兵器の基本的役割

核運用戦略において、米国の核兵器の役割をガイドする諸原則として以下の4点が述べられている。

①米国の核兵器の基本的な役割は、米国および同盟国・パートナーへの核攻撃を抑止することである。
②米国は、米国および同盟国・パートナーの死活的利益を防衛するため極限的な状況においてのみ核兵器の使用を考える。
③米国は信頼できる核抑止を維持する。
④米国の政策は、最低限の核兵器の数により信頼できる抑止力を達成することである。

さらに、消極的安全保証に関して、米国は、NPTの締約国であり核不拡散の義務を遵守している非核兵器国に対して核兵器を使用せず、使用の威嚇を行わないと述べる。

また2010年NPRは、米国が核攻撃の抑止を米国の核兵器の「唯一の目的」とする政策を安全に採用するのが可能になるような条件を設定するという米国の目標を確定したが、新指針はその目標に向けて努力する意図を繰り返し述べている。

このように、米国の核兵器の基本的役割は、核兵器の使用の可能性を低減させる方向に進展しているが、これらは2010年のNPRで述べられたことの繰り返しであり、そこからの新たな進展は見られない。

攻撃下発射（LUW＝Launch Under Attack）の役割の低減

壊滅的な奇襲核攻撃の可能性が大幅に減少したことを認め、この指針は国防省に対して、命令されれば攻撃下発射できる能力を維持しつつ、米国の計画における攻撃下発射が果たしている役割を低減するための一層のオプションを検討するよう命令している。

攻撃下発射とは、敵国からの核攻撃を探知した後に反撃のため即時に核兵器を発射できる能力で、そのために数百の核兵器が即時発射できる態勢に置かれている。オバマ大統領は、大統領キャンペーンおよび大統領着任当初の演説において核兵器の警戒態勢を低下させることを主張していたが、2010年のNPRは当時の警戒態勢を維持すると述べており、進展はまった

く実現しなかった。今回の新たな指針は、警戒態勢の解除あるいは低下を命令するものではなく、当面はそれを維持しつつも、その役割を低減するためのオプションを検討するよう命令しており、最終的には検討後のオプションの実施状況に依存するものである。しかし、壊滅的奇襲核攻撃の可能性が大幅に減少したことを認めることにより、冷戦思考からの離脱が含まれているため、米国の国家安全保障戦略における核兵器の役割の低減に向けての措置として評価できるものであろう。

非核攻撃オプションの計画

新しい指針は、統合された非核攻撃オプションによりどんな目的と効果が達成できるかを評価するため、およびそのような目的と効果が達成可能になるような手段を提案するために、国防省に非核攻撃オプションのための熟慮された計画を行うよう命令した。それらは核兵器の代替とはならないが、非核攻撃オプションの計画は、核兵器の役割を低減する中心部分であると述べられている。

2010年NPRでも、米国は地域的安全保障アーキテクチャを強化するため非核要素に一層依存するとし、その内容には効果的なミサイル防衛、WMD対抗能力、通常戦力投射能力、統合された指揮・統制が含まれるとされていた。特に非核迅速グローバル打撃能力の開発が強調されていた。

このように、非核兵器による攻撃オプションを開発し拡大することにより、核兵器の国家安全保障戦略における役割が低下することは確かなことであり、オバマ大統領の推進する「核兵器の役割の低減」という核軍縮に向けての進展に寄与するものとなりうる。その意味ではこれは高く評価すべき措置であると考えられるが、ロシアとの戦略および戦術核兵器の削減を進めるという側面から考える場合、ロシアは米国との非核兵器すなわち通常兵器における不均衡を強く主張し、それゆえに一層の核兵器の削減に応じられないというジレンマが生じている。このジレンマの解消のためには、ロシアとの一層の協議や対話を実施し、信頼醸成に努めることが必要

であろう。

核の三本柱とカウンターフォース能力

新指針は、米国がICBM、SLBMおよび核搭載重爆撃機からなる核の三本柱を維持することを明確に規定し、それにより米国が合理的なコストによって戦略的安定性を維持し、運用上の柔軟性を維持できると考えている。また米国が潜在敵国に対しかなりのカウンターフォース能力を維持するよう要求しており、それとは異なる「対価値（カウンターバリュー）」または「最小限抑止」政策に依存しないと明確に述べている。

ハンス・クリステンセンは、新指針がカウンターフォース能力を維持すること、明示的に対価値または最小限抑止戦略に依存しないと述べている点に関して、「この再確認は、新しい指針が、プラハ演説で予定された『冷戦思考に終止符を打つ』ことに失敗していることを示す最も重要なものである」と鋭く批判している。その理由は、カウンターフォースは先制的または攻撃的な反応であり、核によるカウンターフォースの再確認は、21世紀に抑止が働くためには不必要な威嚇である高度の攻撃的な計画を再確認しているからであると述べている。[*13]

エレーヌ・グロスマンも、カウンターフォースとは敵国の核兵器、運搬手段、関連施設または指揮・統制センターへの攻撃であり、敵国の核能力をそれが使用される前に破壊する手段として、戦争遂行計画シナリオに含まれていたもので、その能力を獲得するには何万もの核弾頭を必要とし、危機において核戦争を引き起こす危険な動機を生み出すと批判している。[*14]

武力紛争法への一致

新指針は、すべての計画が武力紛争法の基本的諸原則に一致しなければならないことを明らかにしている。たとえば計画は軍事目標と非軍事目標の区分の原則および攻撃と反撃との均衡性の原則を適用すること、文民および文民施設への損害を最小限にすること、さらに米国は文民および文民

施設を意図的に攻撃目標としないと述べている。

この側面は、国際人道法の観点からみれば当然のことであるが、歴史的に核兵器国は国際人道法あるいは武力紛争法の核兵器への適用を積極的に主張しないという態度を示していた点からすれば一定の進展であり、オバマ政権の政策である「核兵器のない世界」に向けて、「唯一の目的」の追求など核兵器の使用を一般的に限定していこうとする政策の一環と見られるし、最近の国際社会において広く主張されている「核軍縮への人道的アプローチ」への対応であると考えられる。

米国の核ヘッジ

新たな指針は、米国の核ストックパイルのリスクに対しヘッジするための熟慮された戦略を詳細に示している。防衛省とエネルギー省は長期的なヘッジアプローチを検討し、米国が、より少ない核兵器で技術的または地政学的リスクに対する強力なヘッジを維持できる一層効果的な戦略を開発したとして、以下の政策を示している。

①米国は、ある時に単一の兵器タイプまたは運搬システムの技術的失敗に対してヘッジするために、かなりの数の非配備兵器を維持する。

②国防省は、それぞれの延命計画に確信が得られるまで、延命を実施している核兵器の失敗に対してヘッジするために残留兵器を維持すべきである。

③これらの技術的リスクのために分類され対応するための非配備ヘッジはまた、米国に対し、米国の必要な配備戦力の評価を変えるような地政学的発展に対応するため、追加的な兵器をアップロードする能力を提供する。

④核企業への投資は、リスクをヘッジするための長期的なアプローチの中心的要素となり続ける。

このように、米国の新たな政策は、核兵器の削減をめざし、核兵器の役割を低減することを目指すものであるが、技術的または地政学的リスクに

十分対応できるように、多くの非配備核弾頭を維持し、またリスクに対応するためのさまざまな能力を維持することが考えられている。したがって、配備された核弾頭の削減が進んだとしても、潜在的な回復力が十分に備えられている状況は、軍事的要請からは正当化されるであろうが、核軍縮の不可逆性が担保されないことになり、他の核兵器国の疑惑を招くことになるだろう。この問題の解決のためには、ロシアや中国の透明性の拡大とともに、お互いの信頼醸成を高めていくことが必要になるだろう。

ロシアおよび中国との戦略的安定性の確保

米国の新指針は、今日の脅威に関連して、核テロリズムおよび新たな核拡散に続いて、ロシアおよび中国との戦略的安定性の確保という重大な課題に対応し続ける必要性を強調している。米国とロシアはもはや敵ではなく、両国間の軍事的対立の見込みは劇的に減少したと分析しつつも、ロシアは核兵器能力において米国と同列の唯一の国であり、我々がより低いレベルの核兵器に移行する場合には、ロシアも参加することがきわめて重要であると考え、米国はロシアとの戦略的安定性を維持すること、さらに、ロシアの戦略的核抑止を否定したりロシアとの戦略的軍事関係を不安定化させることは我々の意図ではないこと示すことによって、戦略的安定性を改善することを求めている。

中国については、米国は、中国の通常軍事力近代化の努力を懸念しており、中国の核兵器の近代化と成長を詳細に監視しているとし、核兵器計画を取り巻く透明性の欠如、特にそのペースと範囲、ならびにそれらをガイドする戦略やドクトリンの透明性の欠如が中国の長期的意図について疑問を生じさせていると分析している。米国は米中間の戦略的安定性を維持することにコミットし続け、中国とのもっと安定的で強靭で透明性のある安全保障関係を促進するために核問題での対話の開始を支持している。

4 むすび

　このようにオバマ政権第2期の核軍縮、核政策、核戦略に関する米国の態度は、プラハ演説で提唱された「核兵器のない世界」を追求していることを明確にし、新たな戦略核弾頭の削減の提案など、核兵器の役割を低減していく要素を含んでいることは確かであり、この時期に、オバマ大統領がそのビジョンに向けて一層の努力を行う意思があることを表明したことはきわめて重要なことであり、過去2、3年間沈滞していた核軍縮への勢いを再活性化させるためにも重要な措置であると考えられる。

　しかし現実の国際社会においては、オバマ大統領は外部ではロシアとの関係が悪化しているため核軍縮に向けてロシアと協力的な行動をとることができず、内部においては上院の共和党議員がオバマの核軍縮政策に真っ向から反対しているため、必要な国内措置も実施できないというきわめて不利な状況に置かれている。

　したがってオバマ政権の政策も、「核兵器のない世界」の追求というビジョンを掲げながらも、米国および同盟国・パートナーに対する核抑止の維持という現実的課題に応える必要があり、今回のような内容の演説および新たな指針という形になったものと考えられる。オバマ政権はプラハ演説において「核兵器のない世界」というビジョンを掲げ、それを追求することを提唱するとともに、具体的政策として、「冷戦思考に終止符を打つために、我々は国家安全保障戦略における核兵器の役割を低減させ、他の国もそうするよう要請する」と述べた。その後の米国の核政策においてもこの「冷戦思考に終止符を打つ」という文言がしばしば引用され、米国の核政策の中心的地位を占めていた。

　核兵器運用戦略に関する防衛省の報告書の全体の評価として、クリス・リンドボーグは、「それは米国の核兵器の軍事計画における広範なシフトを記述している。大統領がその演説の中で呼び起こした変化の感覚とは異なり、報告書は軍縮の熱望を長期的目標として認識しつつも現在の計画に

おける継続性を提案している。報告書は、核抑止ドクトリンを支えている冷戦思考を放棄するよりも、むしろ削減の基礎としての効率性の改善を強調している[*15]」と述べている。

ハンス・クリステンセンは、「オバマ政権は、核兵器の一層の削減を求めていること、および核兵器運用計画における警告即発射の役割の低減を求めていることにおいて、賞賛に値する」と述べつつも、「新たな指針の公式の記述は、オバマ大統領が終止符を打ちたいと4年前にプラハで述べた冷戦思考の多くを維持していることを示している。核カウンターフォースの再確認および欧州での核兵器の維持は特に失望させるものであり、新START条約の下で達成される配備戦略核弾頭の削減を部分的に逆行できるような大量の非配備弾頭の保持の決定も同様に失望させるものである」と結論的に述べている[*16]。

このように、今回の米国の新たな核政策は、一部では新たな進展が期待しうるが、多くの側面で「冷戦思考」が広く残っていることが批判されており、プラハ演説当時の期待が十分に実現されていない現状および今後の状況が批判されている。

またジェニー・ニールセンが、「オバマの提案および新たな大統領指針は、プラハ演説で示されたビジョンに向けての前向きの諸措置であることは確かである。しかし、それらは限定的で、用心深いものであり、実際的なものである。さらにそれらはオバマのプラハ・ビジョンのために必要とされる相互的な取決めを引き出すものではなさそうである[*17]」と結論しており、新たな政策が不十分であることが批判されている。

オバマ政権によるベルリン演説および核兵器運用戦略は、プラハ演説での核兵器のない世界というビジョンを再活性化しつつも、現実の国際政治との妥協を余儀なくされ、いくつかの領域では冷戦思考が残存しているものとなっている。今後の方向としては、そこで述べられているように、米ロおよび米中の戦略的安定性を維持・強化するために、相互の透明性の向上、相互の対話の拡大と強化、特に安全保障対話を大きく推進することが

必要であり、相互の信頼関係を一層醸成することに努力を傾注すべきであり、一定の信頼関係の構築を基礎として、相互に有益であるような核軍縮措置を議論して行くことが必要であろう。

〔注〕

* 1　The White House, Office of the Press Secretary, "Remarks by President Obama at the Brandenburg Gate," Berlin, Germany, June 19, 2013. <http://www.whitehouse.gov/the-press-office/2013/06/19/remarks-president-obama-brandenburg-gate-berlin-germany>
* 2　U.S. Department of Defense, *Nuclear Posture Review Report*, April 2010. <http://www.defense.gov/npr/docs/2010%20Nuclear%20Posture%20Review%20Report.pdf> 核態勢見直し報告書の分析については、黒澤満「米国の核態勢見直し」『核軍縮と世界平和』信山社、2011年、46-62頁参照。
* 3　The White House, Office of the Press Secretary, "Fact Sheet: Nuclear Weapons Employment Strategy of the United States," June 19, 2013. <http://www.whitehouse.gov/the-press-office/2013/06/19/fact-sheet-nuclear-weapons-employment-strategy-united-states>
* 4　U.S. Department of Defence, *Report on Nuclear Employment Strategy of the United States Specified in Section 491 of 10 U.S.C.,* June 19, 2013. <http://www.defense.gov/pubs/ReporttoCongresUSNuclearEmploymentStrategy_Section491.pdf>
* 5　U.S. Department of State, "New START Aggregate Numbers of Strategic Offensive Arms," Bureau of Arms Control, Verification and Compliance, Fact Sheet, July 1, 2013. <http://www.state.gov/t/avc/ris/211454.htm>
* 6　RT Russia, "Obama Proposes New Nuclear Cut, Moscow Wants Other Countries to Join." <http://www.politics/obamas-cuts-nuclear-proposed-943/>
* 7　Vladimir Isachenkov, Associated Press, "Russia: Nuclear Cuts Proposed by Obama will Require Factoring in Other Weapons," Jun 21, 2013. <http://www.startribune.com/politics/national/212508871.html>; Ria Novosti, "Nuclear Arms Reduction Deals to Become Multilateral – Lavrov," June 22, 2013. <http://en.ria.ru/world/20130622/181811968.html>
* 8　Peter Baker, "On Nuclear Cuts, a Split over Whether Senate Backing is Needed," *New York Times*, June 20, 2013. <http://thecausus.blogs.nytimes.com/2013/06/02/on-nuclear-cuts-a-split-over-whether-senate-backing-is-needed/?_r=0>
* 9　International Security Advisory Board, *Report on Options for Implementing Additional Nuclear Force Reduction*, November 27, 2012, p.6. <http://www.state.gov/documents/organization/201403.pdf>
* 10　North Atlantic Treaty Organization, *Deterrence and Defense Posture Review*, May 20, 2012. <http://www.nato.int/cps/en/natolive/official_texts_87597.htm?mode=pressreliease>
* 11　Daryl Kimball, "Obama's Nuclear Challenge," *Arms Control Today*, July/August 2013. <http://www.armscontrol.org/print/5835>

*12 Peter Baker and David E. Sanger, "Obama Has Plans to Cut U.S. Nuclear Arsenals, if Russia Reciprocates," *New York Times*, June 18, 2013. <http://www.nytimes.com/2013/06/19/world/obama-has-plans-to-cut-us-nuclear-arsenal-if-russia-reciporocaes.html?_r=0>

*13 Hans M. Kristensen, "New Nuclear Weapons Employment Guidance Puts Obama's Fingerprint on Nuclear Weapons Policy and Strategy," *FAS Strategic Security Blog*, June 20, 2013. <http://blogs.fas.org/security/2013/06/nukeguidance/>

*14 Elaine M. Grossman, "Fresh U.S. Nuclear Guidance Relies on Some Cold War Elements," *Global Security Newswire*, June 21, 2013. <http://www.nti.rsvpl.com/gsn/article/fresh-us-nuclear-guidance-relies-some-cold-war-elments/>

*15 Chris Lindborg, "Implications of President Obama's Speech in Berlin and Nuclear Strategy Review," *BASIC*, June 21, 2013. <http://www.basic/print/news/2013/implications-president-obama's-speech-berlin-and-nuclear-strategy-review>

*16 Hans M. Kristensen, "New Nuclear Weapons Employment Guidance Puts Obama's Fingerprint on Nuclear Weapons Policy and Strategy," *FAS Strategic Security Blog*, June 20, 2013. <http://blogs.fas.org/security/2013/06/nukeguidance/>

*17 Jenny Nielsen, "Obama: Ich bin ein Pragmatic Disarmer," *IISS Voices*, 21 June 2013. <hppt://www.iiss.org/en/iiss%20voices/blogsections/iiss-voices-2013-1e35/june-2013-e750/pragramatic-disarmer-07d1>

第2章
核兵器のない世界達成へのアプローチ

本章では、第1章での議論をふまえて、核兵器のない世界を達成するためのさまざまなアプローチを検討する。核兵器のない世界そのものの議論とともに、この側面に関しても最近さまざまな議論が展開されており、新たな進展がみられるものである。第1は伝統的な国際条約の作成というアプローチであり、「核兵器禁止条約」の交渉により目的を達成しようとするものである。第2は、核兵器の使用は壊滅的な影響を生じるものであり人道的な側面から許容できるものではないという議論を基礎にするもので、国際人道法を中心とし、人道的側面から核廃絶を促進しようとするアプローチである。第3は、核兵器はこれまで国家安全保障の中心的な重要なものと考えられ、核抑止によって戦争が防止され国際平和が維持されてきたと考えられ、世界の平和にきわめて有益であると一般に考えられているが、実際には核兵器は戦争を抑止しなかったし、ほとんど役に立たないものであったという考えに基づき、核兵器の正当性を拒否する「核兵器の非正当化」により、核廃絶を達成しようとするアプローチである。

第1節　核兵器禁止条約

1　背景

1996年7月に国際司法裁判所（ICJ）は国連総会からの要請に応え、「核兵器の威嚇または使用の合法性」に関する勧告的意見を与えた。その意見の基本的な結論部分は、「核兵器の威嚇または使用は国際人道法の原則および規則に一般的に違反するが、自衛の極限的な場合には合法か違法か結論できない」というものであった。

しかし裁判所はさらに進んで、この問題の根本的解決に向けて、全会一致で「厳格で効果的な国際管理の下でそのすべての側面における核軍縮へと導く交渉を誠実に追求し、かつ締結に至らせる義務がある」と述べた。[*1]
ここでは、核軍縮の交渉を誠実に継続するだけでなく、交渉を締結に至ら

せる義務があることが明確に示されている。核不拡散条約（NPT）第6条のICJによる解釈は、単なる行為の義務を超え、特定のコースの行為、すなわち誠実にこの問題の交渉を追求することにより、詳細な成果——すべての側面における核軍縮——を達成する義務を含んでいると裁判所は述べている[*2]。

　この勧告的意見を契機とし、同年、マレーシアを中心とする非同盟諸国は、「核兵器の威嚇または使用の合法性に関する国際司法裁判所の勧告的意見のフォローアップ」と題する国連総会決議案を提出し、「核兵器の開発、生産、実験、配備、貯蔵、移譲、威嚇または使用を禁止し、それらの廃棄を規定する核兵器禁止条約の早期の締結へと導く多国間交渉を開始することにより、その義務を即時に履行することをすべての国家に対して要請する」という国連総会決議51/45/Mが採択された[*3]。同様の決議はその後毎年採択されている。しかしながら、これまでのところ核兵器禁止条約に関する交渉は開始されていない。

　翌1997年4月に、米国の核政策法律家委員会を中心に「モデル核兵器禁止条約」が作成され、それはコスタリカにより国連に提出され、国連文書となっている[*4]。また1998年6月には、新アジェンダ連合（NAC）が「核兵器のない世界に向けて：新しいアジェンダの必要性」という文書を提出し、「核兵器のない世界を維持するためには、普遍的で多国間で交渉された法的拘束力ある文書、または相互に補強しあう文書のセットを包含する枠組みという土台が必要になるであろう」と述べていた[*5]。

2　モデル核兵器禁止条約

　2007年5月には、国際NGOによるモデル核兵器禁止条約の改訂版が発表され、コスタリカによりNPT再検討会議準備委員会に提出され[*6]、またコスタリカとマレーシアにより国連総会にも提出された[*7]。この条約案の主要な内容は以下のとおりである[*8]。

「核兵器の開発、実験、生産、貯蔵、移譲、使用および使用の威嚇の禁止ならびに廃棄に関する条約」

第1条　一般的義務
　　国の義務として、締約国は、核兵器の使用または使用の威嚇を禁止され、核兵器および核兵器運搬手段の開発、実験、生産、貯蔵、移譲を禁止され、すべての核兵器、核兵器施設、核兵器運搬手段を廃棄することが求められる。

第2条　定義
　　核兵器国、核兵器能力国、核兵器、核エネルギー、核物質、核施設、核活動、警戒態勢の解除、廃棄、不能化、不活性化、核兵器の使用の威嚇、検証、核兵器運搬手段など80項目にわたり定義が列挙されている。

第3条　申告
　　条約締約国は、保有しまたは管理しているすべての核兵器、核物質、核施設および核兵器運搬手段ならびにその所在地を申告することが求められる。

第4条　実施の諸段階
　　条約は核兵器の全廃に向けて5つの一連の段階を規定する。［　］は条約が発効してからの経過期間としての仮の年数であって、期限付きの枠組みではない。

(a)　第1段階［1年］
・核兵器運搬手段の攻撃目標の座標および航行情報を除去する。
・核兵器および核兵器運搬手段を警戒態勢から解除し、不能化する。
・核兵器関連施設を廃止する措置を取り、閉鎖または転換するよう指示する。

(b)　第2段階［2年］
・核兵器および核兵器運搬手段を配備サイトから撤去する。

・核弾頭を運搬手段から取り外し、核兵器貯蔵施設に置くか解体する。
・核兵器、核物質および核施設を予防的管理下に置くための協定を交渉する。
(c) 第3段階［5年］
・すべての核兵器を解体する。
・以下を除いて、すべての核兵器を廃棄する。
　ロシアおよび米国に貯蔵されたそれぞれ［1000］を超えない核弾頭
　中国、フランス、英国に貯蔵されたそれぞれ［100］を超えない核弾頭
・すべての核兵器運搬手段を廃棄するか転換する。
・すべての核施設は、廃止、閉鎖、転換に指定される。
(d) 第4段階［10年］
・以下を除いて、すべての核兵器を廃棄する。
　ロシアおよび米国に貯蔵されたそれぞれ［50］を超えない核弾頭
　中国、フランス、英国に貯蔵されたそれぞれ［10］を超えない核弾頭
・高濃縮ウランの原子炉を閉鎖し、または低濃縮ウランに転換する。
・すべての特殊核分裂性物質は厳格で効果的で排他的な防止管理の下に置く。
(e) 第5段階［15年］
・すべての核兵器を廃棄する。

第5条　検証

　検証体制の構成要素には、各国からの申告と報告、国際監視制度、自国の技術手段、通常査察、チャレンジ査察を含む現地査察、予防的管理、協議と説明、信頼醸成措置、他の国際機関との情報共有、市民の報告が含まれる。

第6条　国内の実施措置
　　締約国は、条約義務の履行に必要な国内立法を行う。また締約国と「機関」との効果的な連絡のため、連絡先となる国内当局を指定する。

第7条　人の権利と義務
　　個人および法人にも権利を付与し義務を課す。個人の刑事手続き、個人の条約違反を報告する責任、情報提供者の保護を規定する。

第8条　機関
　　締約国は条約実施機関として「核兵器禁止機関」を設立する。検証、遵守確保、機関の政策決定を行う。機関は、締約国会議、執行理事会および技術事務局から構成される。

第9条　核兵器
　　核兵器を条約規定に従い警戒態勢から解除し、不能化し、配備から撤去し、申告し、廃棄するという一般的要件、核兵器を廃棄する手続き、核兵器の生産の防止を規定する。

第10条　核物質
　　民生用を含むすべての特殊核物質への管理の設定を行う。

第11条　核施設
　　核兵器施設、指揮・管制・通信施設と配備サイト、原子炉、濃縮および再処理施設の閉鎖、廃棄手続きを定める。

第12条　核兵器運搬手段
　　核兵器運搬手段の種類およびそれらの廃棄または転換を定める。

第13条　本条約で禁止されない活動
　　原子力平和利用の研究、開発、使用の権利、および検証の実施、安全保障のための兵器運搬手段の研究、開発、生産、取得、配備の権利と検証の実施を規定する。

第14条　協力、遵守および紛争解決
　　協議、協力および事実調査、事態を是正し条約の遵守を確保する

第1節　核兵器禁止条約　101

ための措置、ならびに紛争の解決について規定する。
第15条　効力の発生
　　条約の発効要件および発効要件の放棄について規定する。
第16条　財政
　　機関の活動費用をまかなう分担金などを規定する。
第17条　改正
　　本条約の改正手続きを規定する。
第18条　条約の範囲および適用
　　他の国際協定の義務を制限または軽減しないこと、有効期限は無期限で、脱退は認めないこと、留保は付すことはできないことなどを規定する。
第19条　条約の締結
　　署名、批准、加入、寄託者、正文につき規定する。

　さらに「紛争の義務的解決に関する選択議定書」「エネルギー援助に関する選択議定書」「附属書1：核活動」「附属書2：核兵器の構成要素」「附属書3：第8条C23に規定する国および地理的地域の一覧表」「附属書4：動力炉を保有する国の一覧表」「附属書5：動力炉および／または研究炉を保有する国の一覧表」が示されている。

　このように、モデル核兵器禁止条約は、他の一般的な条約と同様に、基本的な権利および義務、定義、義務の履行の手続き、義務の履行確保のための手段、条約実施機関、および最終条項と言われる条約の発効、改正、留保などの諸規定を含むもので、条約案としての必要条件をすべて備えたものである。ただ、条約案として必ずしも完全でないのは、主要な部分としては、核兵器の削減および撤廃のために5段階にわたって実施される措置が規定されているが、その時間的枠組みが明確に規定されていないことである。モデル核兵器禁止条約では、条約の発効の時期から、[　]内に何年というのが示されているだけであり、この数字は確定ではなく、仮の

ものであるとされている。また削減段階で核兵器国が保有できる核弾頭の数も［　］付きで仮のものであることが示されている。

　しかしこのモデル核兵器禁止条約は、これまでさまざま提案されているものの中でも最も詳細で、最も優れたものであり、パン・ギムン国連事務総長も、核兵器禁止条約を交渉するに際して、このモデル核兵器禁止条約が出発点を提供していると以下に紹介する提案の中で述べているし、核不拡散・核軍縮国際委員会（ICNND）の報告書も、核兵器の全廃に関しては、このモデル核兵器禁止条約を基礎に一層の改善を行うことを勧告している。[*9]

3　核兵器禁止条約の諸提案

パン・ギムン国連事務総長の提案

　2008年10月24日に、パン・ギムン国連事務総長は東西研究所の会合で、「国連と核兵器のない世界における安全保障」と題する講演を行い、①核軍縮の交渉、②安保理における核軍縮の議論の開始、③法の支配、④説明責任と透明性、⑤その他の補足的措置の5項目にわたる提案を行った。

　特に第1の核軍縮の交渉については以下のように述べた。

　第1に、すべてのNPTの当事国、特に核兵器国に対して、核軍縮へと導く効果的な措置に関する交渉を行うという条約上の義務を履行するよう要請する。彼らは、個別の相互に補強し合う文書の枠組みに関する合意によりこの目標を達成できるだろう。あるいは彼らは国連において長く提案されているように、強固な検証制度に支えられた核兵器禁止条約の交渉を考えることもできるだろう。コスタリカとマレーシアの要請により、私はそのような条約の草案をすべての国連加盟国に配布した。それは出発点を提供している。[*10]

グローバル・ゼロ委員会の提案

　2008年12月にパリで発足したグローバル・ゼロは、特定期日までに世界規模で核兵器を廃棄する法的拘束力ある検証可能な協定を目指すとした

グローバル・ゼロ宣言を採択したが、そこにはゴルバチョフ元ソ連大統領、カーター元米大統領などの元国家元首、元外務大臣などを含む250人以上が賛同者として含まれている。2009年6月に最初の案が、2010年2月に最終版が発表された「グローバル・ゼロ行動計画」は、以下のように2030年までに4段階で核兵器を廃絶することを提案するものである。[*11]

　第1段階（2010－2013年）：米ロの核弾頭をそれぞれ1000に削減する二国間条約を交渉し（2018年までに履行）、多国間交渉を準備する。

　第2段階（2014－2018年）：他の核兵器国の凍結を前提に、米ロはそれぞれ500に削減し、他の核兵器国は比例して削減する（2021年までに履行）。

　第3段階（2019－2023年）：2030年までに核兵器をゼロとするため、段階的で検証された比例的な削減のため、世界的ゼロ協定を交渉する。

　第4段階（2024－2030年）：2030年までに核兵器をゼロとするため、段階的で検証された比例的な解体を完成させ、包括的検証・強制制度を継続する。

平和市長会議の提案

　世界150の国・地域の4500以上の都市が加盟している平和市長会議は、2020年までに核兵器廃絶を目指す「2020ビジョン（核兵器廃絶のための緊急行動）」を世界的に展開している。そのビジョンの目的は、①すべての核兵器を即時に警戒態勢から解除すること、②普遍的核兵器禁止条約に向けた実質的交渉を即時に開始すること、③2015年までに核兵器禁止条約を締結すること、④2020年までに物理的にすべての核兵器を廃棄することである。[*12]

　その一環として2008年4月、核兵器廃絶に向けて各国政府等が遵守すべきプロセスを定めた「ヒロシマ・ナガサキ議定書」を発表した。それは、核兵器の取得や配備などの即時の停止、核兵器廃絶のための誠実な交渉の開始、2015年までに核兵器の取得や配備などの禁止を規定する条約を締結し、2020年までに核兵器の廃絶および生産、運搬、発射などのシステ

ムの廃止を達成するという道筋を示している。*13

非同盟諸国の提案

核兵器禁止条約の問題は2010年NPT再検討会議における議論の中心の1つであったが、それは核兵器のない世界の追求が広く議論され始めたからであり、また国連事務総長の提案が時宜を得たものであったからである。

非同盟諸国は、この会議において、「核兵器禁止条約を含む、特定の時間的枠組みをもつ核兵器廃絶のための具体的措置を含む核軍縮に関する行動計画に、遅滞なく合意すべきである」と主張し、*14 2025年までに3段階で核兵器を廃絶する「核兵器廃絶のための行動計画のための要素」と題する以下の内容を含む文書を提出し、*15 核兵器禁止条約のための交渉を開始することを主張した。この提案には、非同盟諸国のみならず、スイス、オーストリア、ノルウェーなども支持を表明した。

第1段階（2010年－2015年）
A 核脅威を削減することを目的とする諸措置
  ・FMCT交渉の即時開始と早期締結
  ・核実験の停止、CTBTの早期発効、核実験場の閉鎖
  ・核兵器の役割を排除するための核態勢の見直し
  ・消極的安全保証に関する多国間の法的拘束力ある文書
  ・核兵器の使用および使用の威嚇を無条件に禁止する条約
  ・核兵器システムの実戦的準備態勢の状態からの低下
B 核軍縮を目的とする諸措置
  ・NPTの下での軍縮義務とコミットメントの完全な履行
  ・核兵器の一層の削減に関する交渉の締結
  ・FMCT締結までの間の核分裂性物質の生産モラトリアム

第2段階（2015年－2020年）
核兵器を削減し、国家間の信頼を促進することを目的とする諸措置
- 核兵器廃絶条約の発効および遵守確保のための統合多国間包括的検証システムの設置
- 核分裂性物質、核弾頭、運搬手段を含む核兵器の目録作成
- 核弾頭運搬用ミサイルの漸進的かつバランスのとれた削減

第3段階（2020年－2025年およびそれ以降）
核兵器のない世界を固定することを目的とする諸措置
- 以下の措置による、核兵器廃絶条約とその検証レジームの完全履行
  - すべての核兵器の廃絶
  - 核兵器生産施設の平和利用への転換
  - 普遍的基礎による核施設への保障措置の適用

　最初の国連事務総長の提案はきわめて一般的な内容であって、核兵器禁止条約の交渉を始めることのみを提案するものであり、時間的枠組みやその削減過程の内容などは全く含んでいない。しかし彼のこの提案は、時代の流れを反映するものでもあり、核兵器禁止条約を推進する大きな原動力となっており、特に2010年NPT再検討会議における核兵器禁止条約の議論の出発点として位置づけられ、この問題に関する普遍的な議論を導入するという大きな役割を果たした。

　次のグローバル・ゼロ委員会の提案は、4段階にわたり2030年までに核兵器を廃絶する条約を提案しており、さらに平和市長会議の提案は、3段階で2020年までに核兵器の廃絶を目指すものであり、また非同盟諸国の提案は、3段階で2025年までに核兵器の廃絶を規定するものである。これらの3つは明確な時間的枠組みを設定するものであり、条約案としての詳細な諸規定を備えるものではないが、その内容の大要は示され、出発点と最終地点が明確に示され、厳格な時間的枠組みに従って核兵器を削減し、廃絶する時間的期限が明確に示されている。

このように、核兵器禁止条約に対する関心は以前に比べて大幅に高まっているが、それに対する反対も依然として強硬に唱えられている。核兵器禁止条約に対する各国の態度としては、2012年1月に核兵器廃絶国際キャンペーン（ICAN）によって刊行された「核兵器禁止条約に向けて：核兵器禁止条約への諸政府の立場のガイド」が参考になる。それによると、それは各国の国連総会決議への投票態度および公式の声明を基礎に作成されたものであるが、核兵器禁止条約に賛成する国が146、どちらとも言えない国が22、反対国が26となっている。

米国、ロシア、英国、フランス、イスラエルおよび多くのNATO諸国が核兵器禁止条約に反対しているが、NATO諸国の中でもカナダ、クロアチア、ドイツ、アイスランド、ルーマニアが、さらにオーストラリア、日本、韓国がどちらとも言えない国となっている。核兵器を保有している国のうち中国、インド、パキスタン、北朝鮮は核兵器禁止条約を支持しており、NATO加盟国からはノルウェーのみが賛成している[*16]。

このように、核兵器禁止条約に関しては、かなりの歴史的背景もあり、国際NGOによるモデル条約も提出されている。さらにオバマ大統領やパン・ギムン国連事務総長などによりその方向性が明確に示されており、目標としては広く受け入れられている。したがって、この目標をどのように実施していくかが今後の大きな課題となっている。

4　核兵器禁止条約をめぐる議論

本節で検討している「核兵器禁止条約」という考えは、核兵器を廃絶するためには、化学兵器禁止条約、生物兵器禁止条約のように、一定のカテゴリーの兵器を一定の期間に廃絶するという国際法に基づく文書、すなわち条約を作成することによって達成することが必要であり、また可能であるという考えに基づいている[*17]。

たとえばユルゲン・シェフランは、核兵器のない世界への道筋を提供するために、核兵器禁止条約が必要である以下の10の理由を列挙している[*18]。

① 核戦争のリスクが継続することは受け入れられない。
② 核軍備競争は停止されなければならない。
③ 現在の軍縮・不拡散レジームは不十分である。
④ 核の脅威の廃棄には、包括的で普遍的な法的規範が必要である。
⑤ 核兵器禁止条約は、すべての大量破壊兵器の禁止を完成させるものとなる。
⑥ モデル核兵器禁止条約は、核兵器のない世界の実現可能性を示している。
⑦ 核兵器廃絶および核兵器禁止条約への支持は増大している。
⑧ 核兵器禁止条約の交渉は、ゼロ核兵器への道筋への諸措置を統合する傘として有益でありうる。
⑨ 核兵器禁止条約は検証可能である。
⑩ 核兵器禁止条約は、協調的安全保障を強化する。

　このような積極的な考えに対して、他方において、核兵器は生物兵器や化学兵器とは大きく異なり、その破壊力から国家安全保障の根幹と位置づけられており、また核兵器保有の基本的な目的は実際の使用ではなく、相手の攻撃を抑止するという核抑止論に依存しているので、化学兵器や生物兵器と同列には議論できないという見解が存在する。化学兵器や生物兵器の禁止の場合には、米国をはじめその他の核兵器国は条約作成に積極的な態度を示したが、それは彼らは核兵器を保有しているので必ずしも化学・生物兵器を必要としないし、さらに条約作成により他国に化学・生物兵器を持たせないというメリットがあるという理由からである。このように核兵器禁止条約の追求については化学兵器禁止条約および生物兵器禁止条約の成功のケースとは異なる状況が存在するので、独自の分析が必要となる。

　ここで議論されている「核兵器禁止条約」は、1つの条約によって一定の期限を設けてすべての核兵器を廃絶しようとするもので、一般に「包括的アプローチ」と呼ばれている。これは上述したように、国連事務総長、非同盟諸国、いくつかのNGOにより特に最近積極的に提案されているも

のである。

　このアプローチに反対する諸国、特に米国、ロシア、英国、フランスおよび多くのNATO諸国は、核兵器の廃絶への道は、個別の可能な具体的措置を段階的に取っていくことによってのみ可能であると主張しており、これは一般に「段階的アプローチ」と呼ばれている。彼らは、将来の情勢はまったく予見できないので、期限をあらかじめ設定して核兵器を廃絶することを約束する核兵器禁止条約のようなものは不可能であり、逆に国家の安全保障を毀損するものであると主張する。歴史的に見ても、これまでの核軍縮交渉およびその成果はこの「段階的アプローチ」によるものであり、部分的核実験禁止条約が成立した後に、包括的核実験禁止条約の交渉が開始され、米ロの戦略攻撃兵器も冷戦期のピークから、戦略的安定性を損なうことなく、ステップ・バイ・ステップで徐々に削減されているのであって、最終目標が明記されている訳ではない。

　この段階的アプローチにより、米ロの間で新START条約が2011年2月に発効し、現在実施されている中で、次の段階の交渉の開始が検討されているのである。またこのアプローチにより最も現実的であると考えられていたFMCTの軍縮会議（CD）での交渉開始は、パキスタンの反対により阻止されている状況である。

　このように、現実的で実際的であることを強調する段階的アプローチは、そのアプローチによる措置自体が十分に進展していないこともあり、また段階的アプローチはある一定の措置を取るだけであって、その先の方向性、さらには最終目標が明確になっていないので、交渉が開始されないことも多く、交渉が進まないのであると、包括的アプローチを主張する人々から批判されている。

　このような2つのアプローチが鋭く対立する現状において、それら両者のそれぞれの長所を生かし、前向きに両者を結合すべきであると主張しているのが「段階的－包括的アプローチ」と言われるものである。これは包括的アプローチの中に段階的アプローチを包含するものであり、核兵器禁

止条約を即時に交渉することを求めるものではないが、核兵器廃絶という最終目標を明確に維持しつつ、いくつかの段階を経て到達するものであることを明確にしつつ、具体的な措置を段階的に実施していこうとするアプローチである。

「段階的－包括的アプローチ」は、純粋の段階的アプローチよりも多くのメリットをもっている。それにより交渉が一定の措置の合意の後も継続することが保証されているし、交渉者や政策決定者や一般市民も、目標は小さな措置ではなく廃絶であることを理解しており、それが当初の小さな措置の成功で信頼が醸成され、さらなる措置の成功へと導きやすいものとなり、最終的な核廃絶へと導かれる可能性が高まると考えられている。また段階的アプローチの場合には、ある措置は一定の諸国にとって不利益になる場合があるので反対しているが、段階的－包括的アプローチにより最終的には平等になるという保証がある場合には、その反対は和らぐ可能性が高いと考えられている。

モデル核兵器禁止条約は、包括的アプローチにも適用可能であり、また段階的－包括的アプローチにも適用可能なものとして作成されている。それは核兵器廃絶にいたる5段階にわたる流れに関して、［　］内の年数をそのまま明示的なものにすれば、核兵器廃絶の時間的枠組みを完全に備えた条約案として利用できるものである。また最終目標を明確に示し、その道筋も示しながら、各段階で示されている諸措置を段階的アプローチとして示しつつ、その時間的枠組みを示さないならば、それは「段階的－包括的アプローチ」として利用できるものである。[*19]

もう1つの議論は、核兵器禁止条約の主張と並行してしばしば言及される「個別だが相互に補強し合う文書の枠組みに関する合意」というものである。これと同様の言葉は、2010年NPT再検討会議の最終文書にも規定されているし、その引用先としてパン・ギムン国連事務総長の提案、さらにさかのぼると1998年の新アジェンダ連合の声明、さらには1995年のキャンベラ委員会の報告書でも使用されている。

キャンベラ委員会の報告書は、第1の要件として、5核兵器国が核兵器の廃絶に明確にコミットし、その達成のために必要な実際的措置に関する作業と交渉を開始することに合意することを勧告しており、そのコミットメントは、一連の実際的で現実的で相互に強化し合う諸措置を伴うべきであると規定している。そこで勧告されている諸措置は、警戒態勢の解除、弾頭の運搬手段からの切り離し、非戦略核兵器の配備停止、核実験の停止、米ロの核戦力の一層の削減、核兵器国相互の第一不使用および非核兵器国への不使用の約束の協定である。[*20]

新アジェンダ連合の声明は、「核兵器のない世界を維持するためには、普遍的で多国間で交渉された法的拘束力ある文書、または相互に補強し合う文書のセットを包含する枠組みという土台が必要である」と規定している。2010年NPT再検討会議の最終文書は、「核兵器禁止条約の交渉または個別だが相互に補強し合う文書の枠組みに関する合意の検討」となっている。

このような一連の議論の流れから、「個別だが相互に補強し合う文書の枠組みに関する合意」の意味するところが明らかになる。たとえばキャンベラ委員会報告書で列挙されているような、あるいはそれに類似した個別の軍縮措置がいくつか存在し、それらの枠組みに関する合意である。たとえば警戒態勢解除の措置、核実験停止の措置、核分裂性物質生産禁止の措置など個別の核軍縮措置が法的文書として存在する場合に、それらの措置が相互に補強し合うような枠組みを形成することであるが、枠組みに関する合意は必ずしも法的文書であるとは限らないと解するのが順当である。

中堅国家イニシアティブ（MPI）は、「このような枠組みは現在存在する協定や制度および将来創造される協定や制度を結合させ、多分ガバナンスに関する上位の制度を含むものであろう。このアプローチの傾向は、核兵器の廃絶に関する制度的で法的な取決めの完了を遠い将来に押しやるものである。それは段階的アプローチと非常に似通ったものである。それは、核兵器の禁止および廃絶に関する世界的な多国間協定に依存することを必ずしも意味するものではないし、たとえば国連安全保障理事会決議や、核

兵器保有国も当事国とするNPTの議定書という可能性も残している。そのようなアプローチは普遍性という基準を完全に満たすものではない」[*21]と分析し、鋭く批判しつつ、包括的アプローチへの強い支持を表明している。

　さらにMPIは第3のカテゴリーとして、「核軍縮に関する枠組み協定」を提案し、それは核兵器の使用禁止の義務を規定し、たとえば検証、強制、核分裂性物質の管理と処分など当初に解決できなかった問題の今後の交渉を規定することができると説明し、この枠組み協定は使用禁止の義務の早期の法典化という大きな便益をもつとする。しかし、重大な課題が将来に残されるならば諸国は協定の発効に消極的になるかも知れないとも述べている。

　MPIは枠組み協定として、核兵器の使用禁止のみを法的義務とし、検証、強制、管理などどちらかというと手続き的な側面を後に合意する方式を提案しているが、「枠組み条約」という概念はそれとは異なる意味で一般に使用されている。

　すなわち「枠組み条約」とは、条約対象の全体目標、締約国の協力義務、条約機関など当該問題に対処するための大まかな枠組みを定める条約であって、その後、枠組み条約の締約国となった国家間で、より具体的で詳細な義務を定める議定書を締結し、合意の水準を高めていくというものである。環境保護の分野においては、「オゾン層保護条約」と「モントリオール議定書」という形、「気候変動枠組条約」と「京都議定書」という形で実際に存在している。また通常兵器の分野では、「特定通常兵器使用禁止制限条約」といくつかの「議定書」という形で実施されている。

　したがって、核兵器禁止枠組み条約の場合は、その全体的な目標である「核兵器を廃絶するという核兵器国による明確な約束」が基本的義務であるので、政治的な約束としては2000年NPT再検討会議の最終文書で合意されているものを、条約として法的拘束力ある約束として合意することである。またそのための締約国の積極的な協力を約束するとともに、そのための会議を毎年開催して具体的措置を交渉し、合意に向かって最大限の努

力をすることを法的に約束するものとなる。その毎年の継続的な交渉により、最終的な核兵器廃絶という法的義務を念頭に、具体的な個々の軍縮措置に合意を達成していくことで、全体として核廃絶に進むことである。

5　むすび

　核兵器禁止条約を交渉し、条約に合意すべきだとする主張する議論は以前から存在しており、一部では積極的に取り挙げられていたが、国際社会全体が注目するものではなかった。核兵器禁止条約が核兵器国をも含む国際社会全体の課題として広く注目され議論されるようになったのは、2010年のNPT再検討会議である。この再検討会議で広く議論される契機となったのは、2008年10月のパン・ギムン国連事務総長の核軍縮に関する5項目提案であり、さらに「核兵器のない世界」の追求を明確に主張したプラハにおけるオバマ大統領の演説であった。オバマ大統領自身は「核兵器禁止条約」に直接言及することはなく、核兵器のない世界の達成も自分の生きているうちには不可能であろうと述べていたが、「核兵器のない世界」の追求を国際社会の平和と安全保障に関する第1の優先課題として前面に押し出したことは、核兵器禁止条約の議論に大きな影響を与えている。

　現在、米国を含む核兵器国は、核兵器禁止条約の交渉開始自体に反対であり、核兵器禁止条約が早期に交渉される可能性はきわめて低いのが現実であるが、核兵器禁止条約について議論を積極的に行うことはきわめて重要なことである。また国際NGOがモデル核兵器禁止条約を提案しており、さまざまな専門家の集団が核兵器の廃絶に向けての提案を行っていることも、これらの議論を積極的に行っていくために不可欠なものである。

　核兵器禁止条約に関する議論を積極的に行うことによって、生物兵器、化学兵器、対人地雷、クラスター弾では全面的禁止条約がすでに合意され履行されているが、核兵器の場合には何がどう違うので全面的禁止条約の作成が不可能であるのかを一層明確にすることが可能になるであろう。また核兵器禁止条約の作成のためには、どのような国際社会構造の変更が必

要になるのか、あるいは主として核兵器国の安全保障に関する考えの変更が必要となるのかなど、国際社会が取り組むべきさまざまな課題が明らかにされるであろう。[*22]

また核兵器禁止条約とは、生物兵器禁止条約や化学兵器禁止条約のように、単一の条約によってそれらの兵器に関するすべての活動を禁止し、かつ一定の1つの時間的基準によって廃絶するものを意味するのか、またはいくつかの段階を必要とするものなのか、さらにあるいは枠組み条約という形をとって、基本的な義務の合意を先に行い、個別的な措置を引き続き実施する方法も可能なのかなど、さまざまな選択肢が議論されるべきであろう。

「核兵器禁止条約」は、「核兵器のない世界」を達成するための不可欠の道具であり、国際社会が核兵器のない世界を実現するためには、核兵器禁止条約を交渉し、合意し、実施することが必要であるので、核兵器のない世界に到達するためのさまざまな議論と平行して、核兵器禁止条約の議論を進めることがますます重要なものとなっている。

〔注〕

* 1　International Court of Justice, Legality of the Threat or Use of Nuclear Weapons, Advisory Opinion of 8 July 1996, 1996, para.105.
* 2　*Ibid*., para.99.
* 3　Follow-up to the Advisory Opinion of the International Court of Justice on the Legality of the Threat or Use of Nuclear Weapons, A/C.1/66/L.42, 17 October 2011.
* 4　A/C.1/52/7, 17 November 1997.
* 5　The New Agenda Coalition, Joint Ministerial Declaration, *Towards a Nuclear-Weapon-Free World: The Need for a New Agenda*, 9 June 1998.
* 6　2010 NPT Review Conference, NPT/CONF.2010/PC.I/WP.17.
* 7　UN Doc A/62/650.
* 8　*Securing our Survival (SOS): The Case for a Nuclear Weapons Convention*, International Physicians for the Prevention of Nuclear War, International Association of Lawyers Against Nuclear Arms, International Network of Engineers and Scientists Against Proliferation, 2007, pp.41-105. 本書はモデル核兵器禁止条約とともにその解説を含んだもので、その翻訳書として、メラフ・ダータン／フェリシティ・ヒル／ユルゲン・シェフラン／

アラン・ウェア［著］、浦田賢治［編訳］『地球の生き残り［解説］モデル核兵器条約』日本評論社、2008年7月が刊行されている。
* 9 　International Commission on Nuclear Non-proliferation and Disarmament, *Eliminating Nuclear Threats: A Practical Agenda for Global Policymakers*, Canberra/Tokyo, November 2009.
* 10 　Secretary-General Ban Ki-moon, "The United Nations and Security in a Nuclear-Weapon-Free World," UN News Centre, 24 October 2008. <http://www.un.org/apps/news/infocus/sgspeeches/statement_full.asp?statID=351>
* 11 　Global Zero Commission, *Global Zero Action Plan*, February 2010. <http://www.globalzero.org/files/pdf/gzap_6.0pdf>　この提案の詳細については、本書第1章第3節参照。
* 12 　*Mayors for Peace*, August 2012, The City of Hiroshima. <http://www.mayorsforpeace.org/english/index.html>　この提案の詳細については、本書第1章第3節参照。
* 13 　The Mayors for Peace, Hiroshima-Nagasaki Protocol, April 2008. <http://www.mayorsforpeace.org/jp/activities/others/10062_hn_giteisho/h_n_protocol.pdf>　この提案の詳細については、本書第1章第3節参照。
* 14 　2010 NPT Review Conference, Working Paper by the Group of Non-Aligned States Parties, NPT/CONF.2010/WP.46, 28 April 2010.
* 15 　2010 NPT Review Conference, Working Paper by the Group of Non-Aligned States Parties, NPT/CONF.2010/WP.47, 28 April 2010. この提案の詳細については、本書第1章第4節参照。
* 16 　International Campaign to Abolish Nuclear Weapons, *Towards a Treaty Banning Nuclear Weapons: A Guide to Government Positions on a Nuclear Weapons Convention*, January 2012. <http://xa.yimg.com/kq/groups/1413460/2086673147/name/TowardTreatyBanningNuclearWeapons.pdf>
* 17 　See Joseph Rotblat, Jack Steinberger, and Bhalchandra Udgaonkar (eds.) *A Nuclear-Weapon-Free World: Desirable? Feasible?* 1993, Westview Press.
* 18 　Jurgen Scheffran, "Ten Reasons for a Nuclear Weapons Convention," World Future Council, *Securing a Nuclear-Weapon-Free World Today: Our Responsibility to Future Generation*, 2010, pp.6-8. <http://www.worldfuturecouncil.org/fileadmin/user_uproad/PDF/Securing_a_nuclear_weapon_free_world_today_online_version.pdf#seach='nuclearweaponsfree+world'>
* 19 　*Securing our Survival (SOS): The Case for a Nuclear Weapons Convention*, International Physicians for the Prevention of Nuclear War, International Association of Lawyers Against Nuclear Arms, International Network of Engineers and Scientists Against Proliferation, 2007, pp.27-29.
* 20 　Canberra Commission on the Elimination of Nuclear Weapons, *Report of the Canberra Commission on the Elimination of Nuclear Weapons*, Commonwealth of Australia, August 1996.
* 21 　Middle Power Initiative, *Creating the Conditions and Building the Framework for a Nuclear Weapons-Free World*, Briefing Paper, February 21-22, 2013, pp.28-29.
* 22 　核兵器禁止条約の作成を進めるべきであるという前提で、それに関するさま

ざまな問題点を取り上げ、検討したものとして、Barry M. Blechman and Alexander K. Bollfrass (eds.), *Elements of a Nuclear Disarmament Treaty*, the Henry Stimson Center, 2010; Catherine McArdle Kelleher and Judith Reppy (eds.), *Getting to Zero: The Path to Nuclear Disarmament*, Stanford University Press, 2011. 参照。

第2節　核軍縮への人道的アプローチ

　2010年のNPT再検討会議において、核軍縮の人道的な側面からの議論が導入され、核軍縮に向けての新たな有益なアプローチとして注目されている。これまでの軍備管理・軍縮アプローチは国家の安全保障を基礎として議論されてきたものであるが、この人道的アプローチは人間の安全保障を基礎として議論されているものである。本節では、この最近の動きを中心に、この核軍縮への人道的アプローチの問題を検討する。

　その歴史的背景として、核兵器の使用に関するこれまでの国際社会での動きを整理することが必要であり、特に「核兵器の威嚇または使用の合法性」に関する1996年の国際司法裁判所による勧告的意見が重要である。さらに2010年NPT再検討会議での議論がこの問題の進展の中心的なものとして検討される。またそれらの議論を喚起し、その進展に大きな影響を与えたと考えられる赤十字国際委員会（ICRC）の貢献を明らかにする。また非核兵器国を中心とするその後の積極的な動き、共同声明の発出や国際会議の開催などを分析し、今後の発展の方向を展望する。

1　国際司法裁判所の勧告的意見

　1996年の国際司法裁判所による「核兵器の威嚇または使用の合法性」に関する勧告的意見は、国連総会の要請によるもので、裁判所は核兵器の威嚇または使用について、総合的に検討を加え、特に国際人道法に関する側面と自衛権行使に関する側面を詳細に検討しているが、本節では核軍縮への人道的アプローチに関係する核兵器の威嚇または使用と国際人道法との関係を中心に考察する[*1]。

裁判所はまず核兵器のユニークな性格に言及し、核爆発は巨大な量の熱とエネルギーだけでなく、強力で長く続く放射線をも放出すること、最初の2つの損害の原因は他の兵器によるものよりも非常に強力であり、放射能の現象は核兵器に特有のものであり、これらの特徴により核兵器は潜在的に壊滅的なものであり、核兵器の破壊力は空間的にも時間的にも閉じ込めることはできないし、核兵器はすべての文明と地球のエコシステム全体を破壊する潜在力を持っていると述べる。現在のケースを国際法に適用するにあたって、裁判所は核兵器のユニークな性格、特にその破壊能力、言い表せない人的被害を生じる能力および次世代に損害を与える能力を考慮することが決定的に必要であると述べている。[*2]

　核兵器の使用に対する国際人道法の適用については、その作戦行動における戦闘員の権利義務を確定し、敵を害する方法と手段を制限しているハーグ法と、戦争犠牲者を保護するジュネーブ法の双方を含む国際人道法を検討し、人道国際法を構成している文書の中から以下の2つの基本的な原則を引き出している。1つは、国家は文民を攻撃の目標としてはならず、その結果、文民目標と軍事目標を区別できない兵器は使用してはならないという原則で、もう1つは戦闘員に不必要な苦痛を与えることは禁止されるという原則である。[*3]

　裁判所は、核兵器の使用は一定の場合には許容されるという主張については、その見解の妥当性を決定する十分な根拠を持っていないと述べ、核兵器の使用はあらゆる場合に違法であるという主張の妥当性についても決定できないと述べつつ、武力紛争に適用可能な法の原則と規則は、武力による敵対行為はいくつかの厳格な要件に従わなければならないとする。「核兵器のユニークな性格からして、核兵器の使用は事実上、そのような要件とほとんど両立しえないように思われる。しかしながら、裁判所は、核兵器の使用は、あらゆる状況において武力紛争に適用可能な法の原則と規則に必然的に違反すると確実に結論するのに十分な要素をもっていないと考える」と述べた。[*4]

勧告的意見の結論部分の第C項は全会一致で採択されたものであるが、そこでは「核兵器の威嚇または使用はまた、武力紛争に適用可能な国際法の要件、特に国際人道法の原則と規則の要件と両立するものでなければならない」と述べている。さらにこの勧告的意見の結論とみなされる第E項の前半部分は、「核兵器の威嚇または使用は、武力紛争に適用可能な国際法の規則、特に国際人道法の原則と規則に一般的に違反するであろう」と述べている。[*5] 第E項は賛成7、反対7という投票であったが、裁判長が決定投票として賛成しているものである。しかし7名の反対の裁判官のうち3名は第B項の「核兵器の威嚇または使用の包括的かつ普遍的な禁止は、慣習国際法にも条約国際法にも存在しない」という部分に反対しているため、国際人道法に関する第E項の前半部分には、10名の裁判官が賛成していたことになる。

　このように、この国際司法裁判所の勧告的意見は、核兵器の威嚇または使用を国際人道法の側面から分析し、「一般的に（generally）」に違反するであろうという極めて積極的な見解を示した。これは14名の裁判官のうち10名が賛成している考えである。この部分に反対している裁判官の国籍は、米国、英国、フランス、日本である。裁判官は個人的な資格で選出されているので、出身国の外交姿勢を直接表すものではないし、日本の裁判官は、このような問題は国際司法裁判所が受理すべき問題ではなく、国連安全保障理事会などで議論すべきものであり、裁判所は勧告的意見の要請を断るべきであったと述べている。

　国際司法裁判所の勧告的意見（advisory opinion）は、判決ではなく助言的意見であり、それ自体法的拘束力をもつ法的判断ではない。国連の総会や安全保障理事会からの要請に応えて、一定の法的問題に助言を与えるものである。しかしながら、世界の最も優れた国際裁判所の裁判官が慎重かつ厳格な審議の末に提出するものであり、基本的には法的観点からの分析であることから、当該問題に関する国際法の状況を権威をもって示しているものとして、国際社会に対して大きな影響力をもつものである。特に近

年における核軍縮への人道的アプローチの議論の出発点として、この勧告的意見は重要な意味をもっている。

2　2010年NPT再検討会議

スイス政府の提案

2010年NPT再検討会議において、スイスの外務大臣は、「核戦争は我々共通の人類の生存そのものに脅威を与えるので、主張されている防衛の動機の正当性にかかわらず、核兵器の使用の正当性に関する議論を開始すべきである。軍事的および法的考慮に加えて、スイスの目的は核軍縮に関する現在の議論の中心に人道的側面を持ち込むことである。実際、どの時点で国家の権利は人類の利益に譲らなければならないのかという質問をすることが必要である。長期的には、国連事務総長が提案しているような新たな条約という手段によって核兵器を違法化しなければならない」と述べ、核軍縮への人道的アプローチを提案した[*6]。

これに対して、英国とフランスが反対の意見を述べたが、欧州およびラテンアメリカの多くの非核兵器国がスイスの提案を強く支持する意見を表明したため、会議でこの側面の議論が開始された。スイスはこの会議で核軍縮への人道的アプローチの導入を主張するとともに、核兵器の非正当化に関する研究も委託しており、また赤十字国際委員会とも連携してこの側面からの核軍縮の促進を一貫して進めている。会議ではこのアプローチが広く議論され、その後の国際社会の動きに大きな影響を与えている。

会議の最終文書

会議の最終文書では、この問題は核軍縮の「A原則と目的」のvで以下のように規定されている。

> v　会議は、核兵器のいかなる使用からも生じる壊滅的な人道的結末に深い懸念を表明し、すべての国が国際人道法を含む適用可能な国

際法を常に遵守する必要性を再確認する。

　この規定の解釈について、1996年の勧告的意見は「核兵器の使用は一般的に（generally）に国際人道法に違反するだろう」としていたが、2010年会議の最終文書は、「いかなる（any）」使用にも深い懸念を表明し、国際法を「常に（at all times）」遵守すべきことを再確認しているので、核兵器のいかなる使用も常に違法であることを確認しているという考えが生じている。

　たとえば、中堅国家構想（MPI）は、再検討会議が国際人道法（IHL）の問題に言及したことは重要であると述べつつ、「第1に、NPT当事国は、彼らがNPT再検討プロセス内で責任のあるNPTの約束として、核兵器に関して人道法を遵守するという現存の義務を引き受けた。第2に、会議が、人道法を『常に』遵守する要請と直接結びつけて核兵器の『いかなる』使用の壊滅的な人道的影響に言及していることは、核兵器の使用はあらゆる状況で違法であることを暗に意味する」と述べている。[*7]

　核兵器の使用禁止については、これまでのNPT再検討プロセスではほとんど議論されることはなかったが、今回の会議では核兵器の使用に関する宣言政策との関連で議論が開始され、国際人道法の遵守にまで議論が広がっていった。NAMの行動計画の要素は、軍事的、安全保障上の政策において核兵器の役割を排除することを規定しており、また「核兵器の使用または使用の威嚇を無条件に禁止する条約」すなわち核兵器使用禁止条約の即時交渉開始と早期締結を規定していた。

　最終文書は、行動5のdで、「核兵器の使用を防止し究極的にその廃絶へと導き、核戦争の危険を減少させ、核兵器の不拡散と軍縮に貢献することのある政策を議論すること」を要請している。この部分は当初は、核兵器の使用または使用の威嚇を最小限にする宣言政策の議論が中心であった。

3 赤十字国際委員会の貢献

赤十字国際委員会総裁の演説

　最近になって国際社会が核軍縮への人道的アプローチを強化しているのに大きく貢献しているのが、赤十字国際委員会（ICRC）である。2010年NPT再検討会議の直前の4月20日に、赤十字国際委員会総裁のヤコブ・ケレンベルガーが在ジュネーブの各国外交団の前で公式演説を行い、「国際司法裁判所の事実認定に照らせば、ICRCは核兵器のいかなる使用も国際人道法に合致するとみなすことは不可能であると考える。……したがってすべての国家に対して、核兵器は、使用の合法性に対する見解にかかわらず、二度と使用されてはならないことを再確認することを要請する。…… ICRCの見解によれば、核兵器使用の防止には、法的拘束力をもつ国際条約によって核兵器を禁止し完全廃棄することを目標とした交渉を追求するという現存の義務の完遂が不可欠である。……共通の人道に挑戦し、国際人道法の最も基本的な原則を疑問視し、人類の継続的存在を脅かすような核兵器の恐ろしい効果に道徳的に無関心でいることは決して許されない」と述べた。[*8]

　赤十字国際委員会が核兵器の人道的側面に関してこのような明確なメッセージを発出し、核兵器禁止条約の交渉を要請するのはきわめてまれなことである。この演説はNPT再検討会議の直前に行われ、その流れをスイス政府が会議の一般討議で強調したことから、両者の緊密な協力の下で実施されたと考えられるが、国際社会全般に大きなインパクトを与えるものとなった。

国際赤十字・赤新月運動の決議

　さらに2011年11月に、国際赤十字・赤新月運動代表者会議は、核兵器のない世界のための条件を創設するという努力において、彼らが歴史的なおよび重要な役割を持っていると確信し、「核兵器廃絶に向かって進む」

という決議を採択した。決議にはICRCと33カ国の赤十字・赤新月社が共同提案社となっている。その主要な内容は以下の通りである。[*9]

① いかなる核兵器の使用による結果も、計り知れない被害をもたらすことが予想されること、それに対する十分な人道的対応能力が不在であること、および核兵器使用を防止することの絶対的な緊急性があることを強調する。

② 核兵器のいかなる使用も、国際人道法の原則、特に区別性、予防措置および均衡性の原則に合致するとみなすことは不可能であると判断する。

③ すべての国家に対して、以下のことを訴える。

—核兵器は、核兵器の合法性に関する見解にかかわらず、二度と使用されてはならないことを確保すること

—現存する誓約と国際義務に基づき、法的拘束力をもつ国際条約によって、核兵器の使用禁止と完全廃棄を目指す誠実で緊急で断固たる交渉を追求し、締結すること

　これらの2つの赤十字国際委員会が関わる見解では、核兵器の使用が壊滅的な影響を生じること、戦争における人道的保護を任務とする赤十字としてもそれに対する能力が不在であること、核兵器のいかなる使用も国際人道法の原則に違反するという認識であり、核兵器の使用禁止と完全廃棄を求めるものである。武力紛争時における国際人道法は、元来、兵器の使用に関わるものであるが、赤十字国際委員会はさらに進んで、核兵器の完全廃棄を求めているのが、今回の主張の特徴である。

バンクーバー宣言

　ICRCによる貢献以外に重要なものとして、2011年2月の「バンクーバー宣言：核兵器のない世界を緊急に達成することを求める法の要請」がある。これは「人道法、人間の安全保障：核兵器の使用禁止と廃絶のための新生のパラダイム」と題する会議の成果であり、その会議では、①核兵器の保有および将来の使用の可能性から生じる人間の安全保障へのリスク、

②対人地雷およびクラスター弾に関する軍縮プロセスから学ぶべき教訓、③核兵器に適用可能な国際法、特に国際人道法の現状につき議論が行われた。[*10]

この宣言は、クリストファー・ウーラマントリー、モハメッド・ベジャウイといったICJの元判事など著名な法律家が中心となって署名されたもので、国際人道法の詳細な分析から核兵器は国際人道法と両立しないと述べ、ICJ所長は核兵器を「絶対悪」と呼んだが、「絶対悪」には絶対的な禁止が必要であると結論している。[*11] その宣言の冒頭には、「核兵器は人道の基本的考慮とは両立しえない」と述べられており、以下のように続いている。

人間の安全保障は、国家による核兵器の意図的な使用の見込みのみならず、核兵器の生産、貯蔵、移送および配備から生じるリスクと危害により、今日危険にさらされている。そこに含まれるのは、環境破壊と健康被害、資源の転用、核戦力の即時発射準備状況での配備と不十分な指揮・管制・警告体制に起因する事故または無許可の爆発のリスク、および核分裂性物質と弾頭の不十分な保管に起因する非国家行為体による取得と使用のリスクである。

4　核軍縮への人道的声明

16カ国共同声明

2015年NPT再検討会議の第1回準備委員会が2012年4-5月に開催され、その一般討論において、5月2日に、オーストリア、チリ、コスタリカ、デンマーク、バチカン、エジプト、インドネシア、アイルランド、マレーシア、メキシコ、ニュージーランド、ナイジェリア、ノルウェー、フィリピン、南アフリカ、スイスの16カ国による「核軍縮の人道的次元に関する共同声明」がスイスにより読み上げられた。その主要な内容は以下の通りである。[*12]

①　核兵器の人道的次元に関する深刻な懸念が繰り返し表明されてきた。

② もしこのような兵器が、意図的であれ偶発的であれ、再び使用されたならば、甚大な人道的結末は不可避である。

③ 核兵器は人類の生存に対する脅威となる破壊能力をもっており、それらが存在し続ける限り、人類に対する脅威も存在し続ける。

④ 伝統的な安全保障上の挑戦に対応するのにこれらの大量破壊の道具の有用性は多くの国家ならびに市民社会の専門家により疑問視されている。

⑤ 重大な人道的懸念に加えて、核兵器の使用はまた重要な法的問題を提起する。核兵器はその破壊能力および空間と時間においてその効果を管理できないことでユニークである。国際人道法のすべてが核兵器に完全に適用される。

⑥ 最も重要なことは、これらの兵器がいかなる状況においても決して再び使用されないことである。これを保証する唯一の方法は、NPT第6条の完全な履行を通じたものを含め、効果的な国際管理の下での核兵器の全面的で不可逆的で検証可能な廃絶である。すべての国は、核兵器を非合法化し、核兵器のない世界を達成するための努力を強化しなければならない。

レベッカ・ジョンソンは、16カ国声明を高く評価しつつ、「そこで言われていることを好むと好まないとにかかわらず、大地が移動したのであり、これらのアイディアおよびこれらの国家グループは核兵器を巡る議論の枠組みを再編する重要な推進者になり得るということを人々は知っている」と述べている。[*13]

34カ国共同声明

同年の国連総会において、さらに34カ国に増加した同様の共同声明がスイスにより読み上げられた。[*14] この共同声明の内容は上述の16カ国声明と基本的に同様であり、声明への支持国の拡大を目指すものである。

核兵器の人道的影響に関する国際会議

　2013年3月4-5日、ノルウェー政府が主催する「核兵器の人道的影響に関する国際会議」がオスロで開催され、127カ国、国連、赤十字国際委員会などが参加した。この会議の目的は、核兵器の爆発の人道的影響について、事実に基づく見解を提示し、核兵器国をはじめ国連やその他の国際機関、市民社会の関係者とともに、十分な情報に基づいた議論を促すことであった。会議は以下の3つのセッションで議論を行った。

　セッション1：核兵器の爆発による即時の人道的影響においては、朝長万左男日本赤十字社長崎原爆病院長が医学的観点から短期・長期の影響を説明し、田中熙巳日本原水爆被害者団体協議会事務局長が被爆体験を基に核爆発の即時の人道的影響につき報告した。

　セッション2：広範なインパクトおよび長期的影響においては、核兵器使用に伴う環境、気候変動への影響、それに伴う食糧安全保障への悪影響が議論された。

　セッション3：人道的側面での備えと核兵器使用に対する反応においては、核兵器の爆発に対して十分な対応を行うことはほぼ不可能であるという認識が多くの国から示された。

　総括セッションでは、アイデ・ノルウェー外相が議長総括を提出したが、プレゼンテーションおよびディスカッションから見られる主要論点として以下の3点を指摘した。[*15]

・いかなる国家あるいは国際機関も、核兵器の爆発がもたらす即時の人道的緊急事態に十分に対応し、被害者に対して十分な援助活動を行うことは不可能であろう。そのような対応能力を確立すること自体、いかなる試みをもってしても不可能かもしれない。
・核兵器の使用および実験からの歴史的な経験は、それが壊滅的な即時のおよび長期的な影響をもたらしたことを証明している。政治的な状況は変わっても、核兵器の破壊的な潜在力に変わりはない。
・核兵器の爆発の結果は、その原因を問わず、国境内に閉じ込めることは

できず、地域的にも世界的にも国家や市民に重大な影響を及ぼす。

またこの会議において、メキシコからこの会議のフォローアップ会合を主催するという提案があり、歓迎された。なお、米国、ロシア、英国、フランス、中国の5核兵器国は、この会議への参加を拒否した。

80カ国共同声明

2013年4-5月に開催されたNPT再検討会議第2回準備委員会においては、この問題に関する共同声明の作成が続けられ、南アフリカが中心となり合計80カ国が賛同する「核兵器の人道的影響に関する共同声明[*16]」が出された。その主要な内容は以下のようである。

> 我々は核兵器の壊滅的な人道的結末を深く懸念し、2010年NPT再検討会議が、いかなる核兵器の使用も壊滅的な人道的結末を与えることに深い懸念を表明し、核兵器の人道的影響に関する2013年3月のオスロ会議が、核兵器の爆発の影響について事実を基礎とする議論に取り組む場を提供し、そこでのカギとなるメッセージは、いかなる国家も国際機関も核兵器の爆発による即時の人道的緊急状態に対応できず、被害者に十分な支援を提供できないというものである。
>
> 核兵器がいかなる状況においても決して再び使用されないことが、人類の生存そのものにとっての利益である。核兵器が決して再び使用されないことを保証する唯一の方法は、それらの全面的な廃絶を通じてである。核兵器の人道的影響に対応することは絶対に必要なことである。

この共同声明が以前の2つのものと大きく異なっているのは、以前の声明に含まれていた「すべての国は、核兵器を非合法化し、核兵器のない世界を達成するための努力を強化しなければならない」という文言が削除されていることである。「核兵器を非合法化する」という点は受け入れられ

ないという国があったため、声明の内容が若干トーンダウンされた。

　NATO同盟国のうち、ノルウェー、デンマーク、アイスランド、ルクセンブルグの4カ国のみが共同声明に参加したが、その他のNATO諸国および日本、オーストラリアは参加していない。日本は参加の可能性を追求したが、「核兵器がいかなる状況においても決して再び使用されないこと」の部分が、現在の北東アジアにおける安全保障環境からして、米国核抑止の有効性との関連で受け入れられないという外務大臣の決裁により、参加しないことが決定された。しかし準備委員会においては、「日本は、唯一の被爆国として、核兵器使用の人道的影響への懸念を共有し、核兵器の人道的影響に関する基本的メッセージは支持する。……日本は将来において同様のテーマについての声明に参加する可能性を真剣に探求したいと望んでいる[*17]」と述べた。

125カ国共同声明

　2013年10月21日に国連総会第1委員会において、この問題が継続して議論されている中で、ニュージーランドが最終的には125国が賛同することになった新たな「核兵器の人道的結末に関する共同声明[*18]」を読み上げた。共同声明の基本的な内容は前回のものと同様であり、「核兵器がいかなる状況においても決して使用されないことが、人類の生存そのものにとっての利益である。……核兵器が決して再び使用されないことを保証する唯一の方法は、それらの全面的な廃絶を通じてである」というものである。

　しかし今回の共同声明に日本が初めて参加したという点は、きわめて重要なものである。前回および今回の共同声明の基本的メッセージは、「核兵器がいかなる状況においても決して使用されないことが、人類にとっての利益である」というものであり、日本は「いかなる状況においても」という文言に関して、前回は米国の核抑止との関連で受け入れられないと主張していたが、この点における文言は前回と同じである。このことは、前回の共同声明に参加しなかったことが、国内において、特に広島・長崎の

第2節　核軍縮への人道的アプローチ　127

被爆関係者から鋭く批判されたことが大きく影響しているように考えられる。

　政府の見解によれば、今回の声明に賛同できたのは日本政府の立場が取り入れられたからであり、具体的には「核兵器による壊滅的影響が、人類の生存、環境、社会・経済的な発展、将来世代の健康に深く影響すること、核兵器の壊滅的な影響への意識が、核軍縮に向けたすべてのアプローチおよび努力を支えなければならないことを確信する」という内容が述べられていることと説明されている。[*19]特に、「すべてのアプローチおよび努力」につき、人道的観点から即時に核兵器禁止条約を交渉するという包括的アプローチのみならず、日本政府の主張する核軍縮に向けての実際的で段階的なアプローチも含まれていることが強調されている。

　なお同じ日に同じタイトルを持つ共同声明が、オーストラリアにより読み上げられており、日本はこちらの声明にも参加している。[*20]両方の声明に参加しているのは日本のみである。この声明は日豪のほか、ベルギー、カナダ、フィンランド、ドイツ、イタリア、ラトビア、リトアニア、ルクセンブルグ、オランダ、ポーランド、ポルトガル、スロバキア、スペイン、スウェーデン、トルコの17ヵ国によるものである。この共同声明は、ニュージーランドによる上述の共同声明を歓迎しつつも、「核兵器を禁止するだけでは核兵器の廃絶は保証されないのであって、核兵器保有国を実質的にかつ建設的に関与させること、および核兵器の議論においては安全保障と人道の両次元を認めることが必要である」と述べている。

　このように、2010年のNPT運用検討会議以来、核軍縮への人道的側面からの議論は、ますます勢いを得てきているように思われる。それは核兵器の人道的影響に関する共同声明への参加国が、16ヵ国から34ヵ国、そして80ヵ国から125ヵ国に増加していることに象徴されている。これは、これまでの「核軍縮への国家安全保障あるいは国際安全保障からのアプローチ」とは異なり、「核軍縮への人間の安全保障からのアプローチ」への変更とも呼ばれているものである。

核兵器国は一般的にこのアプローチには反対であり、その意思表明として、オスロ会議への参加を5核兵器国すべてが欠席するという態度をとった。核兵器国によれば、このアプローチは包括的アプローチであって、5核兵器国が強調する段階的アプローチを損なうものであると主張されている。しかし、5核兵器国も、核兵器の使用による壊滅的な影響を否定するわけではない。P5の声明に示されているように、核兵器の使用の壊滅的影響には一定の理解を示しつつも、核抑止力における核兵器の存在意義を継続するには、この包括的アプローチは受諾できないということである。

5　むすび

　このように核軍縮を核兵器の非人道性の側面から追求しようとする動きは最近のものであるが、国際社会において広く受け入れられる方向に進んでいる。特に1996年の国際司法裁判所の勧告的意見が改めて言及され、そこでの法的分析を基礎にして議論が展開されている。これは、伝統的な安全保障の側面からのアプローチとは大きく異なる新たなアプローチとして、今後の進展が期待できるものである。このような流れが出てきた背景としては以下のようなことが考えられる。[21]

　基本的な理由は、オバマ大統領の出現により核軍縮が少しは進展していると考えられるが、多くの非核兵器国にとっては核軍縮の進展があまりにも遅くかつ少ないことである。オバマ大統領の下で、ロシアとの新START条約は署名・批准され実施されているが、期待されたほどの大幅な削減を伴うものではないし、その後の削減は交渉すら行われていない。包括的核実験禁止条約（CTBT）の発効にはまったく進展がみられないし、兵器用核分裂性物質生産禁止条約（FMCT）の交渉も開始されていない。軍縮会議は10年以上停滞状態にある。このような状況に対してのフラストレーションが背景にあり、新たなアプローチが探求された結果である。[22]

　次に、国際社会全体において、平和および安全保障に関する考え方が大きく変化しているという背景がある。平和および安全保障は、主として軍

事的側面で議論され、伝統的には戦争のない状態が平和であると定義されていたが、人権、環境、開発などを含む積極的平和が主張され、安全保障も軍事的安全保障だけではなく、環境、経済、食糧、エネルギーなどさまざまな分野で安全保障が議論されるようになった。特に重要なのは、「人間の安全保障」の考えであり、国家を中心に考える伝統的な国家安全保障および国家間のすなわち国際安全保障に対して、個々の人間の安全保障を重視すべきだとする考えである。2010年NPT再検討会議でのスイス外相の問題提起も、「国家の権利が人類の利益に譲らなければならない」と主張している。

今回の核軍縮への人道的アプローチも、人間の安全保障という考えに基づくものであり、国家の安全保障よりも個々の人間の安全保障を強調するものである。それは核兵器が使用された場合には壊滅的な結果が発生するという側面を議論の出発点とし、個々の人間の存在、さらには地球上の人類そのものの生存に影響するものとして議論されている。

伝統的な核軍縮に関する議論の基盤は国家の安全保障であり、特に軍備管理アプローチは、国家間の戦略的安定性を維持し強化することを目的としていた。たとえば米ソ間の戦略兵器制限交渉（SALT）および米ソ・米ロ間の戦略兵器削減交渉（START）は、基本的には両国間の安定を維持強化し、国家間の平和を追求するものであった。核軍縮への人道的アプローチは、それとはまったく異なる「人間の安全保障」という観点からのものであり、大きなパラダイムシフトが行われている。

伝統的な核軍縮へのアプローチは基本的には軍事的な側面が基本であり、政治的な側面が付随するものであったが、人道的アプローチは国際人道法と呼ばれる法的側面が中心であるとともに、使用の壊滅的影響は道徳的観点からも許容されるべきではないという道徳的な側面をも包含するものである。

第3に、この人道的側面を強調するアプローチが核軍縮の領域で主張されるようになった背景として、対人地雷の禁止問題およびクラスター弾の

禁止問題が、軍備管理・軍縮という伝統的な国家のあるいは国家間の安全保障の維持強化ではなく、被害者となる個人の保護という側面に重点を置く人道的アプローチを採用し、条約の締結に成功したことが考えられる。対人地雷禁止条約は、カナダのイニシアティブでオタワ・プロセスが開始され、主として中堅国家およびNGOが参加して条約交渉が行われ、1997年に条約が署名された。特に地雷禁止国際キャンペーン（ICBL）などは、地雷が引き起こす非人道的被害を具体的映像などを用いて「対人地雷は非人道兵器であり全面禁止すべきである」と訴えていた。

クラスター弾についても、ノルウェーを中心にオスロ・プロセスが開始され、中堅国家を中心にNGOと協力しつつ、条約は2008年に署名された。親弾の中に複数の子弾を含む兵器であるクラスター弾は軍事的には広範な地域を制圧できる地域的効果をもつもので、武力紛争時における使用が文民に対して無差別に被害を与えるという点、および武力紛争終了後に不発弾となって被害を与えるという点から二重の意味で非人道的兵器であると考えられた。

対人地雷およびクラスター弾の先例を核兵器に適用することに関しては、両者の軍事ドクトリンにおける違い、核兵器は核抑止など一層大きな意味と便益をもたらしているという違い、核兵器は核分裂性物質を含むなど技術的性格の違い、核兵器は放射線を生じるという違い、核兵器を保有する国家群と他の兵器の保有国との違いなどから、対人地雷とクラスターの先例は、核兵器の場合には有益ではないという批判的意見も存在している。

これについて、ジョン・ボリーは、「対人地雷およびクラスター弾のプロセスの関連性が争われているとしても、核兵器との比較および対比は以下の2つの重要な関連する質問に関する国際政策アプローチを濾過するのに有益である」と述べている。すなわち「これらの兵器の影響を取り扱うのに好意的でない状況はどのようにして変形されていったのか」および「これらの人道的なアプローチは、核兵器の人道的影響を考慮する際に関連しうる共通の特徴（あるいは基礎）を提示しているか」という質問である。[*23]

2013年3月にはノルウェー政府主催の国際会議が開催され、核軍縮の人道的側面からの議論が行われ、特に科学的技術的な諸問題の検討が行われた。今後の課題としては、核軍縮への人道的アプローチの中心にあるのは国際人道法であり、法的な側面がその中心部分であり、核兵器の使用の合法性・違法性が中心である。しかし、核軍縮への人道的アプローチは、核兵器の「使用」および「法的側面」のみならず、一方において「核兵器の保有」をも禁止する「核兵器の違法化」および「核兵器の廃絶」という側面をも含む方向で議論が進んでおり、他方において、「法的側面」のみならず、政治的側面、道徳的側面、社会的側面などにも議論が拡大しているので、それらをどのように有効に進めていくべきかが重大な課題として残されている。

〔注〕
*1　これに先立つ重要な動きとして、1961年に採択された国連総会決議1653（XVI）があり、核兵器の使用禁止の内容に関する宣言は以下のように規定している。
(a) 核兵器・熱核兵器の使用は、国連の精神、文言および目的に違反し、その結果国連憲章の直接的な違反である。
(b) 核兵器・熱核兵器の使用は、戦争の範囲さえ超えるものであり、人類に対する無差別な苦痛と文明の破壊を生じさせるので、国際法の規則および人道法に反する。
(c) 核兵器・熱核兵器の使用は、敵に対してのみならず、人類全般に対する戦争である。
(d) 核兵器・熱核兵器を使用するいかなる国家も国連憲章に違反し、人道法に反して行動し、人類および文明に対する犯罪を犯しているものと考えられるべきである。
　この決議は核兵器の使用が人道法に反すると述べていたが、米国および西側諸国の強硬な反対に遭遇したため、決議としては成立したものの、実際的な効果は限定的であった。
*2　International Court of Justice, Legality of the Threat or Use of Nuclear Weapons, Advisory Opinion of 8 July 1996, 1996, para.35-36.
*3　Ibid., para.74-79.
*4　Ibid., para.90-95.
*5　Ibid., para.105.

*6 2010 NPT Review Conference, Statement by Switzerland, General Debate, 4 May 2010.

*7 Middle Power Initiative, *The Humanitarian Imperative for Nuclear Disarmament*, September 15, 2010, p.7.

*8 International Committee of the Red Cross, "Bringing the Era of Nuclear Weapons to an End," Statement by Jakob Kellenberger, President of the ICRC, to the Geneva Diplomat Corps, Geneva, 20 April 2010. <http://www.icrc.org/eng/resources/documents/statement/nuclear-weapon-statement-200410.htm>

*9 ICRC International Committee of the Red Cross, Council of Delegates 2011: Resolution 1, Working towards the Elimination of Nuclear Weapons, 26 November 2011. <http://www.icrc.org/eng/resources/documents/resolution/council-delegates-resolution-1-2011.htm>

*10 John Burroughs, "The Vancouver Declaration and the Humanitarian Imperative for Nuclear Disarmament," Nuclear Abolition Forum, *International Humanitarian Law and Nuclear Weapons*, Issue No.1, October 2011, pp.1-6.

*11 Vancouver Declaration: Law's Imperative for the Urgent Achievement of a Nuclear-Weapon-Free World, February 11, 2011. <http://www.thesimonsfoundation.ca/Vancouver%20Declaration_1.pdf>

*12 First Session of the Preparatory Committee for the 2015 NPT Review Conference, "Joint Statement on the Humanitarian Dimension of Nuclear Disarmament," 2 May 2012. <http://www.reachingcriticalwill.org/images/documents/Disarmament-fora/npt/prepcon12/statements/2May.IHL.pdf>

*13 Rebecca Johnson, "16-Nation Statement Puts Humanitarian Dimension Diplomacy into the NPT Frame," *Acronym Institute for Disarmament Diplomacy*, 3 May 2012. <http://www.acronym.org.uk/blog/2012-npt-prepcom/16-nation-statement-put-humanitarian-dimension-directly-npt-frame>

*14 67th Session of the United Nations General Assembly First Committee, Joint Statement on the Humanitarian Dimension of Nuclear Disarmament, New York, 22 October 2012. <http://www.reachingcriticalwill.org/images/documents/Disarmament-fora/1com/1com12/statements/22Oct_Switzerland.pdf>

*15 Norway Ministry of Foreign Affairs, "Chair's Summary Humanitarian Impact of Nuclear Weapons," Oslo, 4-5 March 2013. <http://www.regjeringen.no/en/dep/ud/whats-new/Speeches-and-articles/e_speeches/2012/nuclear_summary.html?id=716343>

*16 Second Session of the Preparatory Committee for the 2015 Review Conference of the Parties to the Treaty on the Non-Proliferation of Nuclear Weapons, "Joint Statement on the Humanitarian Impact of Nuclear Weapons," delivered by South Africa, 24 April 2012.

*17 The Second Preparatory Committee for 2015 NPT Review Conference, Statement by Japan, Cluster 1, 25 April 2013.

*18 UNGA 68: First Committee, "Joint Statement on the Humanitarian Consequences of Nuclear Weapons," Delivered by Ambassador Drell Higgie, New Zealand, 21 October 2013.

*19 外務大臣談話「核兵器の人道的結末に関する共同ステートメントについて」

平成25年10月22日　<http://www.mofa.go.jp/mofaj/press/page4_000254.html>
* 20　UNGA68 First Committee, "Joint Statement on the Humanitarian Consequences of Nuclear Weapons," Delivered by Ambassador Peter Woolcott, 21 October 2013.
* 21　レベッカ・ジョンソンは、これまでと異なる人道中心のアプローチが、核の議論を再構築し始めており、次の10年には不拡散および軍縮の風景を変形するように思えると述べ、それに貢献した要因として以下の4点を指摘している。(1) 国際関係において国際人道法により大きな重要性が与えられていること、(2) 核兵器の使用の人道的影響につき、その理解が増大していること、(3) 拡散が現在のペースで進めば核兵器が壊滅的な影響を伴って使用される可能性の認識と結合しつつ、核抑止の有効性への信頼が弱体化していること、(4) 市民社会と非核兵器国が核の意思決定につき権利、責任、高度の安全保障上の関係性をもつこと、および彼らが核安全保障の計算を変形するのをリードすべきであり、核兵器の禁止を達成しなければならないことが、徐々に認識されていること。Rebecca Johnson, "The NPT in 2010-2012: A Control Regime Trapped in Time," *Decline or Transform: Nuclear Disarmament and Security beyond the NPT Review Process*, Acronym, 2012, pp.27-28. <http://www.acronym.org.uk/sites/default/files/Decline_Transform_2012.pdf#search='acronym+institute+decline+or+transfor'>
* 22　Tim Caughley, "Humanitarian Impacts of Nuclear Weapons: Tracing Notions about Catastrophic Humanitarian Consequences," UNIDIR, *Humanitarian Impact of Nuclear Weapons Project*, paper No.1. <http://www.unidir.org/pdf/activities/pdf3-act723.pdf>
* 23　John Borrie, "Viewing Nuclear Weapons through a Humanitarian Lens: Context and Implications," UNIDIR, *Humanitarian Impact of Nuclear Weapons Project*, paper No.2. <http://www.unidir.org/pdf/activities/pdf4-act723.pdf>

第3節　核兵器の非正当化

1　核不拡散・核軍縮国際委員会報告書

報告書における非正当化の主張

　2010年NPT再検討会議に向けて、2009年12月に提出された核不拡散・核軍縮国際委員会（ICNND）による報告書「核の脅威を除去する：世界の政策決定者のための実際的アジェンダ[*1]」は、核兵器の廃絶に向けて、主として2025年までに採用すべき具体的行動を中心に詳細な諸措置を提案するきわめて有益な報告書であるが、核軍縮をどう進めるかという重要課題に取り組むにあたって、その前提となる基本的テーマとして、「核兵器の

非正当化（delegitimizing nuclear weapons）」を不可欠のものとして重要視し、以下のように主張している。

> もし我々が核兵器を最小限にし、究極的に廃絶したいと考えるならば、その役割および有用性の認識を変えることが決定的に必要である。すなわち、核兵器が中心的な戦略的位置を占めている状況から、核兵器の役割はまったく周辺的であり、さらにまったく不必要でありまた望ましくないと見られる状況へと、核兵器の漸進的な非正当化を達成することである。

報告書は、このプロセスはかなりの範囲ですでに開始されており、「核兵器の使用または威嚇は国際武力紛争に適用可能な国際法の規則、特に国際人道法の原則と規則に一般的に違反するであろう」と述べた1996年の国際司法裁判所（ICJ）の勧告的意見により強化されていると述べつつ、その証拠として以下の3つの事実に言及している。

① 核兵器は戦争遂行の手段としてはほとんどあるいはまったく有用性がないことが、今では広く受け入れられている。核兵器は通過できない地域と長期の環境破壊を生み出すので、領土の獲得としては利用できない。また今日の紛争であるアフガニスタンやコンゴで、あるいは非国家テロリストには役に立たない。

② 核兵器の保有にではないが、核兵器の現実の使用については強力なタブーが存在している。すなわち無差別で不均衡な破壊を伴う兵器の使用に対しては、実際的な制約とともに重大な規範的な制約が存在している。核兵器は、自国民、同盟国、広範な国際社会からの公の支持に依存する行為者にとっては本質的に自己抑止的なものである。

③ 非正当化の基盤はすでに存在する。これは最初から始める問題ではなく、過去数十年間に失われたモメンタムを回復する問題である。冷戦が終結し、国際緊張は緩和され、軍備管理条約が署名され、大国の軍備は

急速に減少している。南アフリカはその核能力を放棄したし、ベラルース、カザフスタン、ウクライナ、ブラジル、アルゼンチンなど核オプションを持っていた諸国も核兵器を追求しなかった。

この報告書は全体で76の委員会勧告を含んでいるが、核兵器の非正当化については全体的な軍縮戦略との関連で、勧告2で以下のように規定している。[*2]

短期（2012年まで）および中期（2025年まで）における努力は、核兵器の一般的な非正当化に集中すべきであり、以下のように性格づけられる「最小化地点」をできるだけ早く、遅くとも2025年までに達成することに集中すべきである。

(a) 数の削減：2000弾頭以下の世界（現在の兵器の10％以下）
(b) 合意されるドクトリン：すべての核武装国は核兵器の第一不使用にコミットする
(c) 信頼できる兵力態勢：そのドクトリンを反映する検証可能な配備と警戒態勢

核抑止論に対する反論

また報告書は、核兵器を持ち続けるための抑止に基づく以下の主張を批判的に再検討している。[*3]

① 「核兵器は、大国間の戦争を抑止したし、抑止し続けるであろう」という主張に対しては、「ソ連の指導者が、米国の指導者以上に、特定の時期に戦争を始めることを決意したが、他国の核兵器の存在によってのみ抑止されたという見解に何らかの証拠があるかは明らかではない。冷戦中に両側でいくつかの偽りの警報があったが、核戦争は起こらなかったわけで、大部分は単なる幸運であったと考えられる」と述べている。

② 「核兵器は、いかなる大規模通常兵器による攻撃をも抑止するであろう」という主張に対しては、「米国、ロシア、中国、英国、フランス、インド、パキスタン、北朝鮮が大規模な攻撃を受けなかったのは、核兵

器の保有以外の他の要素により説明することができる。国家および社会は第2次世界大戦の廃墟から、またそれ以降のほとんどの戦争において侵略者が敗北していることから学習しているのである」と述べている。

③ 「核兵器は、いかなる化学兵器または生物兵器による攻撃をも抑止するであろう」という主張に対しては、「これらの兵器は現在、核兵器と同様の破壊力を持っていない。それらの脅威に対しては確かに効果的な軍事的抑止力が必要であるが、これは圧倒的な通常兵器による対応によるのが最善であろう」と述べている。

④ 「核兵器は、テロリストによる攻撃を抑止するであろう」という主張に対しては、「核兵器は、この目的には戦略的にも戦術的にも政治的にも必要ではないし、有用ではない。テロリストは核兵器の攻撃の対象となるような領土、産業、住民、正規軍などをもっていない」と述べている。

⑤ 「拡大核抑止は、同盟国を再保証するために必要である」という主張に対しては、「この拡大抑止が当分は続くであろうことは疑いない。もっと喫緊の問題は、拡大抑止は非核の脅威に対しても与えられるべきであるのか、それらは非核の手段ですべて対応すべきであるかである。それに対して、拡大抑止は拡大核抑止を意味する必要はないし、核兵器はそれほど簡単に使用可能ではないし、米国および同盟国はNPTの下で核廃絶を支持する義務がある」と述べている。

⑥ 「核軍縮へのいかなる大幅な動きも、本質的に不安定化させる」という主張に対しては、「必要なのは核兵器の漸進的な非正当化であって、国家が安全保障政策における核兵器の役割を低減することであり、まず最小化地点への到達に焦点を当て、その後に全面廃絶に焦点を当てるわけで各段階の達成には多くの年月が必要である」と述べている。

核兵器保有の他の正当化への反論

さらに報告書は、核兵器を保持し続ける以下のようなその他の正当化の理由を批判している。[*4]

① 「核兵器はその知識を取り除けないので、それを廃絶することには意味がない」という主張に対しては、「化学兵器や生物兵器のように、それらを違法化することは可能である。効果的な廃絶のためには、再軍備に向かう動きを探知し迅速にかつ効果的に対応するための検証と執行の手続きという2つの基本的な条件が必要である」と述べている。
② 「核兵器は他と比較できない地位と名声を与えてくれる」という主張に対しては、「核兵器の取得は以前のように政治的名声への当然のルートではもはやないし、核技術の習得は以前のように先進工業力の標識でもない」と述べている。
③ 「軍縮は核不拡散を進展させるのに必要なものではない」という主張に対しては、「この立場はNPT第6条の義務を無視する立場であるのみならず、このような状況では、核不拡散を強化する分野での進展は不可能になる」と述べている。
④ 「核兵器は、核武装国間の他の安全保障協力を禁止するものではない」という主張に対しては、「核テロに対する行動やミサイル発射のための共同の早期警戒システムや共同のミサイル防衛などのためには、高レベルの信頼と協働が必要であり、核兵器国が大量の核兵器を相手国に向けて保有している状況では不可能である」と述べている。
⑤ 「核兵器の費用は通常兵器よりも安い」という主張に対しては、「このことは一般には本当であるが、核兵器システムの全体のライフサイクルを考えるならば計算は大きく異なる」と述べている。
⑦ 「核兵器の常備編成は専門的知識を維持するのに必要である」という主張に対しては、「核兵器の廃絶には長年かかるので、核兵器の廃絶プロセスにおいて真の専門的知識が必要であり、新たな専門家の訓練が必要である」と述べている。

2 ジェームズ・マーティン不拡散研究所報告書

報告書の基本的内容

2010年NPT再検討会議の時期に、ジェームズ・マーティン不拡散研究所は「核兵器を非正当化する：核抑止の妥当性を検討する[*5]」と題する報告書を提出した。核兵器を廃絶するためには、まず核兵器安全保障体系を破壊し、核抑止および核兵器を取り巻く信念を検討し、核兵器に与えられてきた価値を取り除くことが必要であると主張され、非正当化のプロセスには、価値の剥奪によって核兵器の法的なまたは正当性の地位を無効にし、正当性、名声、権威へのあらゆる主張を減少させ破壊することが必要であると述べられている。

また核抑止については、それは危険な戦略であり、事故または許可されていない攻撃という結果をはらんでおり、拡散を促進することを余儀なくされるものであり、またそれは歴史的な証拠に基づいたものではなく、ささいなミスは核兵器では許されないものであると批判しつつ、さらに核抑止が最も一般的に受け入れられている核兵器の性質であり、核兵器の推進者と軍備管理支持者自身が妥協しうる領域であるが、抑止を支持できる本当の証拠がほとんど存在していないのに、それほど広範に受け入れられているのは驚くべきことであると述べている。[*6]

報告書はその結論として以下のように述べている。

　　核兵器を非正当化することは、核兵器の使用を防止し、核軍縮を達成するために基本的に重要なことである。非正当化は価値の剥奪のプロセスであり、正当性、名声、権威などのすべての主張を減少し破壊することである。非正当化は核抑止議論の核心にせまるものであり、核抑止を支持する証拠はないことが分かってきている。……実際には、核兵器は今日特に有益であるわけではないし、国際テロリズムや貯蔵された古い核兵器という形での以前からの危険が増大している。

　　核兵器は、非人道的であり無差別で受け入れがたい損害をもたらすも

第3節　核兵器の非正当化

のであるので、戦争における兵器としてなんらの本質的な正当性をもつものではない。核兵器がもつ抑止の正当性は、冷戦の心理的ゲームによって与えられたのであり、その時期はすでに終わっている。非正当化は自己強化する努力であり、抑止の脅威の信頼性に影響を与え、核兵器の使用および使用の威嚇の両方が非道徳であることの主張を認めるものである。[*7]

報告書の研究成果

報告書はさまざまな課題を検討し、以下のような研究成果を明らかにしている。

① 広島および長崎への原爆投下が太平洋戦争を終結させたのではなく、むしろそれは8月8日のソ連の参戦であるという明確な証拠がある。ソ連による戦争宣言と侵略が戦略的に決定的なものであり、すでに66の他の都市を爆撃していたキャンペーンがさらに2つの都市を爆撃したことは決定的なものではなかった。最近の日本における歴史研究およびそれほど最近ではないソ連の文書は、広島と長崎の爆撃は、日本の参謀本部および政府の意見に重大な影響を与えなかったことを示しており、むしろ1945年8月8日のソ連による戦争宣言が太平洋戦争を終結させたことを示しているが、その理由はやっとその時点になって日本は2つの正面を同時に戦っても勝利できない状況であることを理解したからである。[*8]

② 核抑止については、一般的な信念に反して、核兵器が冷戦中の「平和を維持した」という証拠はまったくないし、核抑止が強力に働くべきだと考えられる状況において、核の威嚇が通常兵器や生物・化学兵器による攻撃を防止しないという明確な証拠があり、また核兵器を保有してもそれは有利な手段とはほとんどならないし、核兵器はその所有者に戦争において決定的な軍事的優位を与えることができなかったという疑いのない証拠がある。

米国が第2次世界大戦後4年間核兵器を独占していたにもかかわらず、

ソ連は東欧を占領していったし、中国共産党の成立やその台頭にも影響しなかった。またスエズ危機、朝鮮戦争、ベトナム戦争、アフガン戦争（1970年代）でも核兵器保有国はそのことによる軍事的優位を享受できなかった。ヨムキッパー戦争でもフォークランド戦争でも、核兵器国は攻撃を抑止できなかった。1991年の湾岸戦争において米国は3つのケースで核の威嚇を声明し、イラクは化学兵器は使用しなかったが、クエートの石油施設の破壊および多国籍軍へのテロ行為という2つの行動は実施している。さらに1967年および1973年の中東戦争においても核抑止は効かなかった。[*9]

③　核兵器は力の象徴となり、今日でも核兵器はある地位を提供するものであるが、将来、新たな異なったステータス・シンボルが現れることもあり得る。今では技術のみならず大国の地位と結びついた希少性、および核兵器が多くの国に禁止されていることでシンボルになっているが、それは実際の有用性とは異なる。[*10]

④　さらに報告書は、法的枠組みから正当性を検討し、核兵器およびその使用は、現存の国際人道法および慣習国際法の下で一般に禁止されていると主張する。国連憲章およびジュネーブ諸条約から引き出される以下の諸規則に照らしても、核兵器の使用はこれらの規則のすべてに違反する。

――兵器の使用は、当初の攻撃に均衡するものでなければならない。
――兵器の使用は、効果的な自衛に必要なものでなければならない。
――兵器の使用は、文民または民間目標に向けられてはならない。
――兵器の使用は、軍事目標と民間の非軍事目標を区別するのが可能な方法で行われなければならない。
――兵器の使用は、戦闘員に不必要な苦痛を与えてはならない。
――兵器の使用は、紛争当事国でない国に影響を与えてはならない。
――兵器の使用は、環境に深刻で広範で長期的な損害を与えてはならない。[*11]

⑤　核軍縮を達成するためには、核兵器の非正当化を成功させるため市民

社会を取り込むことが最も重要な単一の要素であり、国際的な市民社会および政治的支持を動員しそれを軍縮プロセスにおいて維持することは、核兵器のない世界に向けての道筋の進展のための、たぶん最も基本的な前提条件である。さらに軍事要員や核兵器関連技術者を含めることも重要である。核廃絶、核兵器禁止条約というのが多くの市民社会を引き付けるのに必要である。核廃絶に関心をもつ国家グループを立ち上げ、核兵器使用禁止条約と核兵器禁止条約を並行して議論していくのが好ましい。[*12]

この報告書は、2010年NPT再検討会議の最中に会議場で配布され、会議のサイドイベントとして議論が行われた。この報告書は核兵器の非正当化の中心部分である核抑止の非正当化に焦点を当てており、核兵器が抑止の手段として役に立ってこなかったし、役に立たないものであることを強調している。

3　非正当化の意義の検討

核兵器を非正当化する（delegitimizing nuclear weapons）という言葉は、[*13]聞きなれない言葉であり、核兵器廃絶に向けての最近の議論において新たなアプローチとして主張されているものである。

最初に紹介したICNNDによる報告書では、核兵器廃絶の前提として「核兵器の非正当化」は不可欠であるとし、非正当化の内容としては、「核兵器の役割および有用性の認識を変えることであり、核兵器が中心的な戦略的位置を占めている状況から、核兵器の役割はまったく周辺的であり、さらにまったく不必要でありまた望ましくないと見られる状況へ変えることである」を主張している。

次に紹介したジェームズ・マーティン不拡散研究所の報告書では、核兵器を廃絶するためには、まず核兵器安全保障体系を破壊し、核抑止および核兵器を取り巻く信念を検討し、核兵器に与えられてきた価値を取り除くことが必要であると主張され、「非正当化のプロセスには、価値の剝奪に

よって核兵器の法的または正当性の地位を無効にし、正当性、名声、権威へのあらゆる主張を減少させ破壊することが必要である」と述べられている。

また国連の軍縮・平和・安全保障NGO委員会の会合として、2010年12月に開催された「核兵器を非正当化する」というパネル・ディスカッションにおいて、ランディ・ライデルは、以下のように述べている。[*14]

　核兵器の企ての全体は以下の2つの層の基盤に乗っかっている。第1の層は「利益」と呼べるもので、それは核兵器の永久化に利益をもつ人々を代表する物理的および政治的利益および制度的支持者から成り立っている。アイゼンハワー大統領が軍産共同体と述べたものである。第2の層は「アイディア」であり、核兵器についての思考を形成するアイディアの力である。そこには、抑止ドクトリン、核兵器はなくせないという神話、核兵器は一層の拡散を防止し他の大量破壊兵器および通常兵器の使用を防止するという核兵器の価値の主張、核兵器のもつ名声の価値の考え、同盟における核兵器の価値の宣言などが含まれる。

　核兵器を将来的に廃絶するための処方箋は、核兵器を支えているこれらの制度やアイディアのすべてを意味するこの上部構造を廃棄する必要があることを意味している。それはこれらの上部構造の基礎にある弱点にどう対応するかという問題である。

彼は核兵器廃絶のための2つの基本的課題を述べているが、核兵器の非正当化に関係するのは主として第2のアイディアであり、核兵器についての考え方に関連するものである。

またアマンディープ・ギルは、2009年の「核兵器の非正当化の道を進む」という論文において、非正当化とは強固なアイディアや物体の正当性、名声または権威を低下させ破壊するという辞書の定義を用いつつ、核兵器が現在、政治および安全保障の確立された通貨であるならば、その非正当化は、核兵器の価値を下げますます価値のないものにする一連の行動またはプロセスを意味するとしている。論文では核兵器の廃絶という「頂上」

に至る道にある「ベースキャンプ」について述べ、「頂上」では核兵器の不使用の現在の伝統が格段に強化され、核兵器の使用または核兵器の威嚇は国家権力の道具としては非正当化されると述べている。論文の内容は非正当化への道のためのベースキャンプの内容とベースキャンプへの道筋、そしてベースキャンプから頂上への道筋を詳細に検討するものである。[*15]

しかしたとえばジャック・メンデルソーンは、2006年の「核兵器を非正当化する」という論文において、「戦闘で使用しうる道具としての核兵器を非正当化し、核兵器を抑止の役割に、またある場合には最後の頼みの綱としての兵器に格下げすることが必要である」と述べ、そのため次期米国政府が取るべき具体的措置として、①米国は核兵器を戦争の正当な兵器とは考えず、敵国が核兵器を使用しない限りそれを使用しないと宣言すべきである、②米国は新たな核兵器の開発のために核実験を再開する意図がないことを明確にすべきである、③米国は他国による核兵器の使用への報復の場合を除いて核兵器の使用を禁止するよう国際社会に訴えるべきである、④米国は非核兵器地帯の創設を奨励すべきであると主張している。[*16]

ここで「非正当化」という用語の下で検討されている具体的措置は、核兵器の第一不使用であり、核実験の禁止であり、非核兵器地帯の設置である。しかし上述の2つの報告書およびライデルとギルが「非正当化」として議論している内容とは大きく異なるものである。2つの報告書およびライデルとギルにおける「非正当化の定義」は、核兵器のもつ価値を剥奪し、核兵器のもつ正当性、名声、権威などをすべて破壊することであるが、メンデルソーンの定義では、核兵器の役割を低減させるものではあるが、核兵器の価値そのものを否定し破壊するものではないからである。彼のような考えは、オバマ大統領が常に主張している「核兵器の役割を低減する」という範疇に属する行為であって、最近議論されている「核兵器の価値を剥奪する」という意味ではない。

これらの核兵器の非正当化に関する分析から明らかになるように、核兵器の非正当化は核兵器のもつさまざまな側面を含むものであるが、その中

心は、核兵器の実際の姿は軍事的にも政治的にも役に立たないものであると主張するものであり、核兵器の価値の剥奪を目指すものである。したがって、たとえばジェームズ・マーティン不拡散研究所の報告書の副題が「核抑止の妥当性を検討する」となっているように、核兵器の非正当化の議論の中心部分には、核兵器による抑止の妥当性の検討が存在している。これは核兵器の有用性あるいは実用性に関する議論であり、核兵器が本当に役に立ってきたのか、あるいは現在役に立っているのかという問題である。

　その出発点となっているのが、広島・長崎への原爆の投下に対する評価である。伝統的には、広島・長崎への原爆投下により日本は降伏したのであり、その点からして核兵器は戦争終結のために大きな価値をもつという考えである。日本にとってはこの考えは日本の軍部の責任を回避する上で都合のよい理由となりえたし、米国にとっては、原爆を使用しないで戦争を継続していたならば、さらに多くの米国の青年の命が失われていたであろうから、これにより多くの米国の青年の命を救ったことになり、この原爆投下は米国にとってもきわめて価値のあるものであったと一般に考えられてきた。この考えは米国にとって、大統領が非人道的な兵器を使用したという責任を回避するものとして都合の良いものであった。

　このようにして、核兵器は戦争の終結にきわめて有益な価値のあるものであるという考えが定着した。この基本的な考えは核兵器開発の進展を促進するものであり、敵国に対して軍事的に有利な立場を創設するものと考えられ、核兵器の壊滅的な破壊力による非人道性などは無視されるようになった。しかし、実際の歴史ではその後核兵器は使用されていない。軍事的に有用であり効果的であり、他のさまざまな要因を考慮する必要がないならば、核兵器は戦争勝利のためにもっと使用されていたかもしれない。

　その後の歴史の中で、核兵器の役割の問題は核兵器の使用から核兵器による抑止に移行していく。現在でも核兵器の役割の中心的なものは、敵国の攻撃を抑止することであると一般に言われており、現在の核兵器の存在

第3節 核兵器の非正当化

理由は「核抑止」であるとして、高い価値を与えられつつ存在し続けている。核抑止は、核兵器を実際に使用するのではなく、相手国が攻撃してきた場合には、核兵器による壊滅的な反撃を受けるというメッセージを送ることによって、相手国が攻撃を仕掛けることを防止することを意図するものである。

核兵器の使用を前面に掲げることは抵抗が大きいかも知れないが、核兵器を「抑止」に使うという言い方は、直接「使用」に言及しないために、きわめて温和的な表現となりそれに対する直観的な反発あるいは抵抗感は大きく低下する。しかし実際には、核抑止は、核兵器を使用するという準備態勢および意思に信憑性がないと、核抑止としての効果が発揮できないわけであり、国際司法裁判所の1996年の勧告的意見では、核抑止は国連憲章第2条第4項の「武力の威嚇」に関わってくると述べられている。[*17]

「核兵器の非正当化」の主張者たちが特に注目しているのは、核抑止が有用であるかどうかという側面であり、それが有用である場合には核兵器に高い価値が与えられるのは当然かもしれないが、本当はまったく有用でないのに、誤って高い価値が与えられているのではないかという疑問である。核兵器は果たして国家間の長い平和を維持したのか、核兵器は核兵器国間の戦争を防止したのか、他国からの生物・化学兵器による攻撃、さらに通常兵器による攻撃も抑止したのかという疑問である。

この実際的な有用性の観点以外からの非正当性の分析として、法的な側面からの正当性が検討されることがあるが、これは主として国際人道法の側面からの分析であり、核軍縮への人道的アプローチの部分ですでに分析したことが当てはまるのであり、特に法的な正当性という分析は必要ではなく、合法性からの分析で十分であると考えられる。

さらに政治的な側面からの正当性の分析は、主として核兵器を保有していることにより与えられると考えられている名声や権威の問題である。核兵器を保有していることで、国際政治において重要な地位が与えられるという認識であり、特に、現在の国際社会において、NPT上の5核兵器国が

国連安全保障理事会の常任理事国と同一であるという事実から、そのような認識が生まれている。ただし、NPTが署名され発効した時点では、中華人民共和国は国連安全保障理事会の常任理事国ではなく、中華民国（台湾）がその地位を占めていたという歴史的事実は確認しておく必要がある。

さらにその後の新たな核保有国であると考えられているインド、イスラエル、パキスタン、北朝鮮は、そのような政治的地位を与えられるほど優れた国であるとは一般に認識されていない。その意味でも、国連改革を進め、安全保障理事会の常任理事国の改革を行う際には、上述の4カ国ではなく、核兵器を保有しないが国際社会の平和と安全保障に貢献している国家、たとえばドイツや日本などを選出する方向に進めるべきであろう。

さらに道徳的な側面から核兵器が非難され、核兵器を廃絶すべきであると主張されることがある。スイス外務大臣は、2010年のNPT再検討会議の一般演説において、核兵器は何の役にも立たず、非道徳的で違法であると主張し、非道徳的である理由として、それは人間の命に対してであれ、物の破壊であれ、環境にもたらす影響であれ、甚大かつ無差別的な破壊をもたらすために作られたものであり、人間が制御できない長期的な破壊をもたらすからであり、核兵器は大量破壊兵器どころか、皆殺しの兵器であるからであると述べている。

4　むすび

核兵器の非正当化は、核軍縮に向けてのまったく新しいアプローチであり、それは核兵器のあらゆる側面に関わるものである。それは、核兵器の違法性を法的観点から主張し、その不道徳性を道徳的観点から主張し、また軍事的または政治的観点から核兵器は役に立たないと主張している。そこには、核兵器が保有していると信じられている正当性、価値、役割、権威あるいは名声などを低減し剥奪するあらゆる措置が含まれている。

核兵器の非正当化がなしうる最も重要な任務は、国家の平和と安全保障に対する核兵器の有用性を支持する伝統的な神話を矯正することであろう。

第3節　核兵器の非正当化　147

たとえば、広島および長崎への原爆投下が太平洋戦争を終わらせ、多くの若いアメリカ兵の命を救ったという神話は、日本が降伏した主たる理由は核兵器の投下ではなくソ連の対日参戦であったという史実により矯正されるべきであろう。また、核兵器が70年近くにわたって世界の平和を維持してきたのか、生物・化学兵器や通常兵器による攻撃に対して核抑止が働いたのか、など現在の国際平和および安全保障の中心的課題となっている「核抑止」に関する、一層広範な事実に基づいた議論を積極的に行うこともきわめて重要である。

さらに、核兵器を保有していることに結び付いた政治的な名声・威信を低減させ、取り除くことも必要であろう。たとえば、国連安全保障理事会の常任理事国は、今ではNPTにより認められた5つの核兵器国と同じになっているが、この側面での核兵器の政治的価値を低減させるためには、日本やドイツなどの非核兵器国から新たな常任理事国を選出することが必要であり、有益であるだろう。

核兵器のない世界を達成するためには、軍事的に、政治的に、道徳的に、また実際的に核兵器が与えていると信じられている価値や役割を低減し、取り除いていくことが不可欠である。

〔注〕
* 1　*Eliminating Nuclear Threats: A Practical Agenda for Global Policymakers*, Gareth Evans and Yoriko Kawaguchi, co-chairs, Report of the International Commission on Nuclear Non-proliferation and Disarmament, Canberra/Tokyo, November 2009.
* 2　*Ibid.*, p.77.
* 3　*Ibid.*, pp.61-68.
* 4　*Ibid.*, pp.68-71.
* 5　Ken Berry, Patricia Lewis, Benoit Pelopidas, Nikolai Sokov and Ward Wilson, *Delegitimizing Nuclear Weapons: Examining the Validity of Nuclear Deterrence*, The James Martin Center for Nonproliferation Studies, Monterey Institute of International Studies, May 2010.
* 6　*Ibid.*, p.vi.
* 7　*Ibid.*, p.69.
* 8　*Ibid.*, pp.15-17. および "Appendix 1: A More Detailed Analysis of the Nuclear Bombings

of Hiroshima and Nagasaki," and Appendix 2: An Annotated Excerpt from the Diary of Admiral Takagi Sokichi for Wednesday, August 8, 1945, Recounting a Conversation He had with his Boss, Navy Minister Yonai quoted in Burr, "The Atomic Bomb at the End of World War II", *Ibid.*, pp.71-81.

* 9 *Ibid.*, pp.17-18, 32.
* 10 *Ibid.*, pp.19-22
* 11 *Ibid.*, pp.35-39.
* 12 *Ibid.*, pp.49-69.
* 13 「核兵器を非正当化する」という英語は"delegitimizing nuclear weapons"であり、ICNND報告書もジェームス・マーティン不拡散研究所報告書も同一であるが、「非正当化」という名詞は、前者では"delegitimation"であり、後者では、"delegitimization"となっており、異なっている。
* 14 "Delegitimizing Nuclear Weapons", *Disarmament: Critical Disarmament Issues*, Panel Discussion held by the NGO Committee on Disarmament, Peace and Security on December 6, 2010, the United Nations, p.3. <http://www.un.org/disarmament/HomePage/ODAPublications/PDF?DELEGITIMIZING-NUCLEAR-WEAPONS.pdf>
* 15 Amandeep Gill, "Taking the Path of Delegitimization to Nuclear Disarmament," Center for New American Security Project, *Base Camp Series, Working Paper*, April 2009.
* 16 Jack Mendelsohn, "Delegitimizing Nuclear Weapons," *Issues in Science and Technology*, Spring 2006. <http://www.issues.org/22.3/mendelsohn.html>
* 17 核抑止と国連憲章第2条第4項の関係については、黒澤満「核兵器の役割低減と国際法」『国際法外交雑誌』第111巻第3号、2012年11月、2-4頁参照。

第3章
核兵器の役割の低減

150　第3章　核兵器の役割の低減

　核兵器のない世界を実現するためには、第2章で検討した3つのアプローチにしたがって総合的に進めていく必要があるが、本章では核兵器のない世界への当面の重要な措置に焦点を当てる。これまでの核軍縮交渉でも中心的に議論されてきた核兵器の一層の削減、包括的核実験禁止条約の発効、兵器用核分裂性物質生産禁止条約の交渉と締結などの個別の措置も重要ではあるが、本章ではそれらの個別的な具体的措置全体に関わる課題として「核兵器の役割の低減」という側面から分析を行う。

　オバマ大統領もプラハ演説において、「冷戦思考に終止符を打つために、国家安全保障戦略における核兵器の役割を低減する」と述べ、他国にも同様の措置を取るよう要請している。核兵器のない世界を目指すためには、核兵器があらゆる側面で重視されていた冷戦思考から脱却することが必要であり、それによって核兵器の役割を低減することを通じて、さまざまな具体的な核軍縮措置が可能になるのである。

　本章では、核兵器の役割を低減するためのきわめて重要な課題として、第1に核兵器の第一不使用政策の採用の問題、第2に核兵器を保有していない国家に対する核兵器の使用または使用の威嚇を禁止する消極的安全保証の供与の問題、第3に即時発射準備態勢にある核兵器の警戒態勢解除の問題を詳細に検討する。これらの諸問題は核兵器国の核政策の中心部分にある課題であり、これらの側面で核兵器の役割が低減されていくことにより、核軍縮の個別的な具体的措置での進展が一層可能になるのであり、核兵器のない世界に向けての前進が期待できるのである。

第1節　核兵器の第一不使用

1　第一不使用をめぐる最近の議論

　核兵器の第一不使用（no first use）[*1]とは、核兵器を自分から先に使うことはしないという政策であり、相手が核兵器を使用した後に使用する第二使

用（second use）との関連で用いられる用語である。どちらの場合も、相手からの攻撃が先に存在し、それにどのように対応するかという問題である。相手が核兵器で攻撃した場合にそれに核兵器で対応するのは第二使用であり、第一使用とは、相手が核兵器以外の兵器（生物兵器、化学兵器、通常兵器）で攻撃した場合に、核兵器で反撃することを意味し、第一不使用とはその場合に核兵器で反撃しないことを意味する。したがって、相手からの攻撃もないのに、先に攻撃を仕掛けるという先制攻撃の場合とはまったく異なる状況における議論である[*2]。

2007年1月には、ジョージ・シュルツやヘンリー・キッシンジャーなどが「核兵器のない世界」を主張し[*3]、後にオバマ政権でNATO大使に任命されるイボ・ダルダーらも核兵器の第一不使用を提言していた[*4]。オバマ大統領は、その選挙運動中から核兵器のない世界を目指すと述べ、核兵器についてはブッシュ大統領とは正反対の方向を指向し、2009年4月のプラハ演説では、「冷戦思考に終止符を打つために、我々は国家安全保障戦略における核兵器の役割を低減させ、他の国もそうするよう要請する」と述べ[*5]、核兵器の不使用政策にも取り組むことを示唆した。

このような状況で2009年にスコット・セーガンは、「米国は、同盟国との適切な協議の後に、米国の核兵器の役割は、米国、同盟国および我々の兵力に対する他の核兵器国による核兵器の使用を抑止することであり、また抑止が失敗した場合には必要ならば適切な核の報復の選択で反撃できることであると述べることにより、核兵器第一不使用の宣言政策の採択に向かうべきである」と主張し、それに対する4人の専門家のコメントも提出され、第一不使用に関して積極的な議論が展開された[*6]。

またマイケル・ジャーソンは、「米国は、第一不使用の宣言政策を安全に採用することができるし、それは米国の国家安全保障および戦略的安定性に大幅に貢献する。信憑性のある第一不使用政策は、米国は紛争において核兵器を使用する最初の国にならないこと、米国の核兵器の唯一の目的は、米国、同盟国・パートナーに対する核兵器の使用を抑止し、もし必要

ならば、それに対抗することであるという大統領の宣言を伴う」と述べている。
*7

これらの主張が積極的に展開されたのは、オバマ政権が2009年末までに、新たな核態勢見直し報告書を提出することが予定されていたからであり、核兵器の役割低減を主張する大統領に影響を与えるためであった。

逆に、ウイリアム・ペリー元国防長官を議長、ジェームズ・シュレジンジャー元国防長官を副議長とし、議会から提出が義務付けられた「アメリカの戦略態勢：米国の戦略態勢に関する議会委員会の最終報告書」は、「委員会は、米国が第一不使用の政策を採用すべきかどうか検討した。採用すると、米国は自国または同盟国に対する核兵器による攻撃への報復として使用する以外のあらゆる目的のために核兵器を使用しないことを誓うことになる。しかしそのような政策はある米国の同盟国を不安にさせる。それはまた生物兵器による攻撃の抑止に対する核兵器の潜在的な貢献を損なうであろう」と述べ、勧告として「米国は、第一不使用を採用することによって、計算されたあいまいさ（calculated ambiguity）を放棄すべきではない」と主張し、第一不使用に対する絶対反対を表明し、従来の「計算されたあいまいさ」政策を継続するよう勧告していた。
*8

2　第一不使用と唯一の目的

核兵器の第一不使用の議論に関連して、「核兵器の唯一の目的は、核兵器による攻撃を抑止することである」という言い方が、最近になってしばしば行われるようになり、これは「唯一の目的（sole purpose）」と一般に言われる。たとえば、マイケル・ジャーソンは、「信憑性のある第一不使用政策は、米国は紛争において核兵器を使用する最初の国にならないこと、米国の核兵器の唯一の目的は、米国、同盟国・パートナーに対する核兵器の使用を抑止し、もし必要ならば、それに対抗することである」と述べている。ここでは、両方の用語が使用され、第一不使用の具体的内容として「唯一の目的」が述べられており、基本的には同じ意味に用いられている。
*9

日本政府とオーストラリア政府により設置された「核不拡散と核軍縮に関する国際委員会（ICNND）」は、ギャレス・エバンス元外相と川口順子元外相を共同議長として、2009年12月にその報告書を発表した。この報告書は、核兵器のない世界に向けて2012年までにとる短期的措置と、最小化地点としての2025年までにとる中期的措置を中心に議論している。核兵器不使用の問題はこの委員会でも広く議論され、最終報告書では、核兵器の最終的な廃棄に至るまでの間、核武装国はできるだけ早く、遅くとも2025年までに明確な「第一不使用」宣言を行うべきこと、現在そのような用意ができていないならば、各国は、核兵器を保有している「唯一の目的」はその国または同盟国に対する核兵器の他国による使用を抑止することであるという原則を最低限受け入れるべきであると提言している[*10]。

　ICNNDの具体的行動計画では、2012年までの短期的措置の1つとして、「唯一の目的」の宣言をすること、遅くとも2025年までの中期的措置の1つとして、「第一不使用」にコミットすることが勧告されている。報告書は「第一不使用」と「唯一の目的」に関して、委員会としては核武装国が明確な「第一不使用」の宣言をすることが好ましいと考えたが、冷戦期のソ連による「第一不使用」の約束が純粋に宣伝であって実態を伴わなかったことから、この用語に対しては不信感や懐疑的態度があるので、本質的に同じ概念であって異なる形式として「唯一の目的」を使うのが良いと考えたと説明している[*11]。ここでは、「第一不使用」という用語はソ連が冷戦中に詐欺的に使用していたことから、この用語の使用に対して米国および西欧においては嫌悪感があり、委員会のメンバーがその使用に消極的であったことは説明されている。しかし、報告書では「唯一の目的」が短期的措置として、「第一不使用」が中期的措置として提案されていることはまったく説明されていない。

　これに関して、共同議長の1人である川口順子は、「『先制不使用政策』は実際に配備・警戒・発射態勢に反映されることにより信頼感が増すと考え、それに先だってまず『唯一の目的』宣言を提唱した。……核廃絶のた

めには核兵器の役割低減が必須。そのため、核政策の理論面に関する議論を重視し、先制不使用とそれに先立つ『唯一の目的』宣言を提案している」と述べており、ここでは両者は内容的に少し異なるとともに、「唯一の目的」は時間的に「第一不使用」に先立つものとして説明されており、ICNND報告書の流れと一致している。ここでは両者を区別し、かなり異なる意味で用いられているが、この用法は一般に受け入れられているわけではない[*12]

　一般的には両者はだいたい同じ意味で用いられているが、唯一の目的の場合は「抑止」の状況に関する宣言、すなわち核兵器の「使用の威嚇」の状況での宣言であり、第一不使用は「使用」の状況に関する宣言であるという違いが存在するため、また前者には「使用しない」という明確な文言が入らないため、第一不使用と比較して、その意味内容において若干の不明確さが存在すると考えられる。モートン・ハルペリンも、第一不使用より唯一の目的の方が反対する人が少ないだろうし、不測の脅威に対して核兵器を使用しないと明示的に誓っているわけではないので、そのような宣言には「実在的抑止」が維持され、第一不使用から生じる政治的に好ましくない副産物を避けることができると分析している[*13]。その結果、米国政府内では、以下に述べるように、「第一不使用」ではなく「唯一の目的」という用語を使用して議論が行われている。

3　米国の核態勢見直し報告書

　核態勢見直し報告書の作成過程において、核兵器による反撃または抑止を核兵器による攻撃に限定しようとする「唯一の目的」は激しく議論されたが[*14]、最終報告書は、米国または同盟国・パートナーに対する通常兵器または生物・化学兵器による攻撃を抑止するために、米国の核兵器が役割を果たす狭い範囲の事態が残っていると主張し、「米国は、米国の核兵器の『唯一の目的』は米国、同盟国・パートナーへの核攻撃を抑止することであるという普遍的政策を現在のところ採用する準備はできていない。しか

しそのような政策が安全に採用できる条件を確立するため努力する」と述べている。結論部分では以下のように述べている。[*15]

> 米国は、米国または同盟国・パートナーへの核攻撃の抑止を米国の核兵器の唯一の目的とするという目標をもちつつ、通常兵器能力を強化し、非核攻撃を抑止する核兵器の役割を低減することを継続する。米国は、米国または同盟国・パートナーの死活的利益を防衛するという極限的な状況においてのみ核兵器の使用を考える。

米国が採用したのは、「唯一の役割」ではなく「基本的な（fundamental）役割」であり、「米国の核兵器の『基本的な役割』は、核兵器が存在する限り継続するであろうが、米国、同盟国・パートナーに対する核攻撃を抑止することである」と述べている。この報告書では「唯一の目的」は直接採用されなかったが、その方向性は示されたことから一般的には一定の進歩であると評価された。

しかし、ダーリル・キンボールらは、「米国は将来ではなく今、唯一の目的という政策を採択すべきである。非核攻撃の場合に核兵器の選択を保留することは、高いコストを支払いながら、抑止の価値はまったくまたはほとんどない。それは通常兵器による抑止を損ない、米国の不拡散外交を複雑にし、他国が核兵器を追求あるいは改善するための正当化に用いられる」と批判しており、[*16]ジャーソンも、「核態勢見直しは、『計算されたあいまいさ』として一般に知られている以前の宣言政策の特徴であった不正確さとあいまいさの多くを維持しており、核態勢見直しの新たな宣言政策は名前を変えただけの計算されたあいまいさに過ぎない」と厳しく批判している。[*17]

2010年NPT再検討会議においては、オーストラリアが、「核抑止を唯一の目的とするという暫定的目標に向けて集団的に努力するという約束を挿入することを奨励する」と主張し、米国に対してのみならずすべての核兵

器国が唯一の目的という政策を採択するよう提言していた。[*18]

　米国の核態勢見直しを基礎にして、政府内でさらに詳細な検討が行われ、2013年6月に国防省により「米国の核兵器運用戦略」が発表された。核兵器の役割の低減に関して、「2010年の核態勢見直しは、核攻撃の抑止を米国の核兵器の唯一の目的とする政策を安全に採用できるような条件を設定するという政府の目標を定めた。我々は今日そのような政策を採用できないが、この新指針はその目的に向けて努力することを繰り返している。その目的に向けて新指針は、国家安全保障戦略における核兵器の役割を低減するための具体的措置を取るよう国防省に命令している」と述べており、唯一の目的という政策の採択に向けて努力することが明記されている。[*19]

　このように、第一不使用に関しては、米国が「唯一の目的」という用語を使用しつつ、その方向に向けて今後努力するという内容の核態勢見直し報告書および核兵器運用戦略が提出されたことは、ブッシュ政権の政策と比較すれば一定の評価が与えられる。しかし、オバマ大統領が核兵器のない世界を目指しつつ、国家安全保障戦略における核兵器の役割を低減させるとしばしば述べてきた点から判断するならば、第一不使用政策を採用しないという結論になっていることからまったく不十分であると考えられる。

4　第一不使用の今後の課題

　米国政府による第一不使用政策の採用を強く主張しているセーガンの考えによれば、この政策の採用により、抑止、再保証、対テロリズム、不拡散を促進するという4つの主要な実質的目的が促進される。核宣言政策は、さまざまな危機および戦時シナリオにおける米国政府の意図、オプションおよび傾向を提供することによって、潜在的な敵の抑止を促進し、同様に同盟国の再保証を促進することを意味し、核テロリズムの可能性に間接に影響を与え、核拡散の可能性および結果の両方に影響を与えると述べる。

　その理由として、まず通常軍事力において米国は現在優位な状況にあるので、米国および同盟国が主要通常戦争において敗北するという信頼でき

るシナリオはほとんどないし、米国の核安全保証を米国の通常軍事力の優位という現状に合わせるならば、拡大核抑止は第一不使用ドクトリンと両立しうるものになるし、第一不使用政策は米国の消極的安全保証と計算されたあいまいさの矛盾を終わらせるので、NPTの非核兵器国を満足させるものとなると述べている。[20]

　同様にジャーソンも核兵器第一不使用の政策を採用すべきことを主張している。彼によると、現在の米国の政策は、通常兵器による侵略の抑止と対応、生物・化学兵器による侵略の抑止と対応、敵の核兵器の使用に対する先制攻撃、強固な地下の目標への攻撃という4つの目的のために第一使用政策を採用しているが、この政策は以下の3つの方法において、すなわち敵国もすぐに核兵器を発射できる状況におくため事故や誤解による使用がありうること、相手国が瀬戸際外交を行うことにより通信の誤りや核のエスカレーションを増大させること、敵は核兵器を先に使うか失うかという状況に置かれ先制使用を促すこと、によって危機における不安定性を生じさせることになる。

　先制不使用を採用することのメリットとして、①それは危機における安定性を促進する、②それにより米国は一貫した本質的に信憑性のある核政策を持つことができる、③それは米国の通常戦力を主として強調するものとなる、④それは米国のミサイル防衛および核ストックパイル管理イニシアティブへの最近の批判をいくらか和らげるのに役立つ、⑤それは他の核兵器国がその核政策を改定するためのインセンティブを提供する、⑥それは、不拡散体制をリードし不拡散イニシアティブへの一層の国際的な支持を奨励している米国の努力に対して重要な政治的利益を提供する、という6点を指摘している。[21]

　今後の課題としては、米国が唯一の目的という政策を採用できるような国際的な安全保障環境を作り出して行くことが必要である。まず米国としては、ロシアとの間において、また中国との間において戦略的対話を行うことにより、信頼醸成の一層の構築に努力し、核兵器国間での信頼関係を

強化することが望まれる。

　2013年6月の米国の核兵器運用戦略報告書も、ロシアおよび中国との戦略的安定性の確保を重要課題として掲げている。ロシアに関しては、戦略的安定性の維持を追求するとともに、ロシアの戦略核抑止を否定したりロシアとの戦略軍事関係を不安定化させることは我々の意図ではないことを示すことにより戦略的安定性を改善することを求めると述べている。中国については、米国は米中関係の戦略的安定性を維持することに引き続きコミットしており、中国との一層安定的で強靱で透明性をもった安全保障環境を助長する目的をもって核問題に関する対話を開始することを支持すると述べている。

　第2に、アメリカの戦略態勢に関する議会委員会も指摘しているように、第一不使用政策はある米国の同盟国を不安にさせるという危惧に対応する必要である。これは日本にもまさに当てはまることであり、同盟国において核兵器の役割を低減させることが必要である。第一不使用に反対する論者がよく利用するのは、米国が第一不使用を採用すると同盟非核兵器国の安全保障が低下し、当該非核兵器国が核兵器を保有する可能性が高まるという議論である。日本に関してもこの種の議論がしばしば行われているので、日本政府として核兵器の役割を低減する方向を示すべきである。

　第3に、中国は以前より核兵器第一不使用の政策を宣言し、他国に対してもその政策を採用するよう主張してきているが、2010年NPT再検討会議において、「核兵器国は、それぞれの国家安全保障政策における核兵器の役割を真剣に低減すべきであり、核兵器を第一に使用しないことを明確に約束すべきであるし、非核兵器国および非核兵器地帯に対して無条件に核兵器の使用または使用の威嚇をすべきでない。我々は、すべての核兵器国に対してこの点に関して早期に国際法文書を締結するよう要請する」と述べており、[*22]第一不使用に関しても条約の締結を主張している。

　1996年のキャンベラ委員会も、「核兵器国の間における相互的な第一不使用の約束」を提言していたように、米中の間あるいは米ロの間で相互的

に実施する方向を目指すべきであろう。ちなみに中ロの間では1994年に両国首脳の共同声明において相互の核兵器第一不使用を約束している。中国のように一方的に第一不使用政策を宣言することも可能であるが、西側においてはその信憑性に疑問が投げかけられており、信用されていない状況である。したがって信頼を醸成し、透明性を高めることによって、相互的に約束する方向に進むべきであろう。

　アレクセイ・アルバトフは、「冷戦終結の後、緊張や口論があるにも拘らず、P5のいずれも他のP5からの核攻撃の現実的な脅威に直面しているわけではない。相互的な第一不使用の約束はこの理論的な可能性に留意し、正当な核報復能力をP5に残し、お互いの第一不使用を強化するであろう」と述べ、「この関連においての真の問題は、米国がロシアとの関係において認められているのと同様の方法で米国に対する中国の核抑止の正当性を認める用意があるかどうかであり、中国に対する核第一攻撃オプションの米国による明確な拒否が戦略的現実を認めることであり、国際安全保障のためにも提供されるべきである」と述べている。

　さらに彼は、P5相互間の第一不使用の誓約は、戦術核兵器を戦闘準備兵力から撤退させること、および米国のミサイル防衛への合理的な制限に関する米ロ間の協定により、可能になるであろうと述べ、P5による核兵器の第一不使用に関する明確な約束は、外交・防衛政策における核兵器の役割を大幅に低減するであろうし、それは核不拡散および核軍縮に向けての一層の措置へと一般的に導くであろうと述べている。[*23]

5　むすび

　核兵器の第一不使用または唯一の目的という政策について、それを採用できるような国際的な安全保障環境を作り出していくことが必要であり、米国とロシアおよび米国と中国の間で戦略的対話を積極的に行い、信頼関係を強化すべきである。また核の傘の下にある同盟国の政策が大きく影響するので、同盟国が核兵器の役割を低減させるために一定の措置を取るべ

きであろう。これらの政策を一方的に採用すると不利益を被る可能性があるので、二国間であるいは核兵器国の間で相互的に採用することが好ましいと考えられる。また核兵器国の間で協議し相互的に実施する方が合理的であり、成功の確率が高いと考えられる。したがって、これらの措置は政治的な合意によるもの、あるいはさらに進んで法的拘束力ある国際合意で実施する方向で検討するのが望ましいと考えられる。

〔注〕

*1 no first use は、日本語では伝統的にかつ一般的に「先制不使用」と訳され議論されてきているが、先制 (preemptive) とは相手の攻撃に先立ってという意味であり、対応する兵器の種類ではなく、攻撃あるいは反撃するタイミングの問題であるので、「先制不使用」という訳語は根本的に正しくないと考えられる。特にブッシュ政権で「先制攻撃」の理論が採用され、混乱することになった。また日本語ではその点を考慮して最近では「先行不使用」という用語が用いられることがあるが、それだけでは内容が十分明確に示されないと考え、本稿では、英語により直接的であり、内容がより明確である「第一不使用」という日本語訳を用いる。

*2 冷戦期においては、ソ連およびワルシャワ条約機構が西側に対し通常兵器で圧倒的な優勢を維持していたこともあり、ソ連は第一不使用政策を宣言していたが、米国および北大西洋条約機構 (NATO) は、東側の通常兵器による攻撃に対し通常兵器による反撃では不十分である場合には、核兵器を先に使用する第一使用の政策を表明していた。また中国は1964年の最初の核実験以来、一貫して核兵器の第一不使用の政策を宣言している。冷戦終結後の1993年にロシアは、第一不使用政策を放棄した。第一不使用の提言としては、1996年に提出された「核兵器廃絶に関するキャンベラ委員会」の報告書は、即時に取られるべき措置の1つに、「核兵器国の間における相互的な第一不使用の約束」を提案しており (Canberra Commission on the Elimination of Nuclear Weapons, *Report of the Canberra Commission on the Elimination of Nuclear Weapons*, Department of Foreign Affairs and Trade, Australia, August 1996)、1997年の全米アカデミーの報告書は、その結論として、「冷戦後の戦略環境においては、その抑止を米国またはその同盟国に対する核攻撃または核攻撃の威嚇による強制を抑止するという中核的任務 (core function) に限定すべきである」と主張していた (Committee on International Security and Arms Control, National Academy of Science, *The Future of U.S. Nuclear Weapons Policy*, National Academy Press, Washington, D. C., 1997)。2001年のブッシュ大統領の核態勢見直し報告書は、ならずもの国家に対する核兵器の先制 (preemptive) 使用あるいは予防的 (preventive) 使用を含み、核兵器の役割を増大するものであった。

*3 George P. Schultz, William J. Perry, Henry A. Kissinger and Sam Nunn, "A World Free of

Nuclear Weapons," *The Wall Street Journal*, January 4, 2007. <http://www.fenl.org/issues/item.php?item_id=2252&issue_id=54>

* 4   Ivo Daalder and Jan Lodal, "The Logic of Zero: Toward a World without Nuclear Weapons," *Foreign Affairs*, Vol.87, No.6, November/December 2008, p.84.
* 5   The White House, Office of the Press Secretary, "Remarks by President Barak Obama," Prague, Czech Republic, April 5, 2009. <http://www.whitehouse.gov/the_press_office/Remarks-By-President-Obama-In-Prague-As-Delivered/>
* 6   Scott D. Sagan, "The Case for No First Use," *Survival*, Vol.51, No.3, June-July 2009, p.164. 同じ雑誌の2号後において、セーガンの論文に対する4人の専門家の見解が示され、セーガンがそれぞれにコメントしている("The Case for No First Use: An Exchange," *Survival*, Vol.51, No.5, October-November 2009, pp.18-46.)。
* 7   Michael S. Gerson, "No First Use: The Next Step for U.S. Nuclear Policy," *International Security*, Vol.35, No.2, Fall 2010, p.9.
* 8   William J. Perry, Chairman and James R. Schlesinger, Vice-Chairman, *America's Strategic Posture: The Final Report of the Congressional Commission on the Strategic Posture of the United States*, United States Institute of Peace Press, Washington, D. C., 2009, pp.36-37.
* 9   Michael S. Gerson, note 7, p.9.
* 10 International Commission on Nuclear Non-proliferation and Disarmament (ICNND), *Eliminating Nuclear Threats: A Practical Agenda for Global Policymakers*, Canberra/Tokyo, November 2010, pp.xx, 161, 186.
* 11 *Ibid.*, p.173.
* 12 川口順子「核不拡散・核軍縮に関する国際委員会の報告書をめぐって:特別寄稿」日本軍縮学会『軍縮研究』(信山社)第1号、2011年3月、10-11頁。
* 13 Morton H. Halperin, "Promises and Priorities," *Survival*, Vol.51, No.5, October-November 2009, pp.20-21.
* 14 バイデン副大統領とその助言者は、核兵器はロシアや中国のような確立した核兵器国による攻撃を抑止することが唯一の目的であると宣言するように主張したが、ゲーツ国防長官は過去の核政策のほとんどを維持するよう主張したと言われている(Bill Gertz and Eli Lake, "Obama Strategy Frustrate Nuke Foes," *Washington Times*, April 7, 2010. <http://washingtontimes.com/2010/apr/07/obama-strategy-frustrate-nuke-foes>)。
* 15 The U.S. Department of Defense, *Nuclear Posture Review Report*, April 2010, pp.16-17. <http://www.defense.gov/npr/docs/2010%20Nuclear%20Posture%20Review%20Report.pdf>
* 16 Daryl Kimball and Greg Thielmann, "Obama's NPR: Transitional, not Transformational," *Arms Control Today*, Vol.40, No.4, May 2010, p.21.
* 17 Michael S. Gerson, note 7, p.8.
* 18 2010 NPT Review Conference, Statement by Australia, Main Committee I, 7 May 2010.
* 19 U.S. Department of Defense, *Report on Nuclear Employment Strategy of the United States Specified in Section 491 of 10 U.S.C.*, June 19, 2003. <http://www.defense.gov/pubs/ReporttoCongressUSNuclearEmploymentStrategy_Section491.pdf>

* 20　Scott D. Sagan, note 6, pp.165-173.
* 21　Michael S. Gerson, note 7, pp.13-42.
* 22　2010 NPT Review Conference, Statement by China, General Debate, May 4, 2010.
* 23　Alexei Arbatov, "Non-First Use as a Way of Outlawing Nuclear Weapons," The Research Paper Commissioned by the ICNND, November 2008, pp.11-12. <http://icnnd.org/Documents/Arbatov_NFU_Paper.pdf>

第2節　消極的安全保証

1　核不拡散条約と消極的安全保証

歴史的進展

　NPTの交渉過程において、多くの非核兵器国は、核兵器の取得を放棄するという義務の受け入れの対価として、それらの国に対して核兵器を使用しないという消極的安全保証を与えるよう要求したが、核兵器国は拒否し、核攻撃の被害国に対して援助を与えるという積極的安全保証を国連安全保障理事会決議の形で与えた。その後1978年の国連軍縮特別総会の場において、中国は一般的な消極的安全保証を宣言し、他の4核兵器国は条件付きの消極的安全保証の宣言を行った。

　NPTの延長を決定する1995年のNPT再検討・延長会議の直前に、5核兵器国は消極的安全保証に関して一定の措置をとった。米国、英国、ロシア、フランスの宣言はほぼ同一であり、たとえば米国の宣言は以下のようになっている。

> 　米国は、以下の場合を除き、NPTの締約国である非核兵器国に対し、核兵器を使用しないことを再確認する。すなわち、米国、その準州、その軍隊もしくはその他の兵員、米国の同盟国または米国が安全保障の約束を行っている国に対する侵略その他の攻撃が、核兵器国と連携しまたは同盟して、当該非核兵器国により実施されまたは継続される場合は除く。

この会議では、多くの非核兵器国、特に非同盟諸国が政治的な一方的宣言ではなく、法的拘束力をもった約束として消極的安全保証が与えられるべきであると強く主張した。会議で合意された「核不拡散と核軍縮の原則と目標」という文書においては、消極的安全保証が国際的に法的拘束力を有する文書の形をとることもありうると述べていたが、実際にはこの問題はその後まったく進展しなかった。

　逆に核兵器国は、このような消極的安全保証の約束をしておきながらも、それと矛盾する「計算されたあいまいさ政策」を取るようになり、特に米国のブッシュ政権は、ならずもの国家への核兵器の使用を積極的に検討し、2001年の核態勢見直し報告書では、北朝鮮、イラク、イラン、シリア、リビアへの核兵器の使用の可能性に言及していた。これは1995年の消極的安全保証の約束に明確に反するものであった。

米国の核態勢見直し報告書

　2010年4月に発表された米国の核態勢見直し（NPR）報告書では、核兵器の役割を低減させるための具体的措置として、まず消極的安全保証の強化が挙げられ、以下のように宣言した。

> 　米国は、核不拡散条約（NPT）の当事国でありかつその核不拡散義務を遵守している非核兵器国に対しては、核兵器を使用せず、使用の威嚇を行わない。

　その主要な意図は、NPTに加入し完全に遵守することの安全保障上の利益を強調することであり、核不拡散体制を強化するための効果的な措置を採用するのに協力するよう、条約当事国である非核兵器国を説得するためであるとしている。

　この宣言に関して、これらの国が米国、同盟国・パートナーに対して生物・化学兵器を使用した場合には、通常兵器による壊滅的な軍事的反撃に

直面するであろうと述べ、非核兵器国の生物・化学兵器による攻撃には通常兵器で反撃することを原則としながらも、生物兵器についてはその進展や拡散により正当化される調整を行う権利を留保している。またこの強化された米国の消極的安全保証の対象から、北朝鮮およびイランが排除されることが明記されている[*1]。

　この宣言は、以前の宣言およびその後の実際の政策に比べて格段に明確なものとなり、一般に「強化された消極的安全保証（strengthened negative security assurances）」と言われている。この側面に関してゲーツ国防長官自身も、「NPRは米国の核態勢への大幅な変化を含んでいる。新たな宣言政策は以前の米国の宣言政策にあった計算されたあいまいさのいくらかを取り除いている」と説明している[*2]。

　2010年NPT再検討会議において、日豪は、「核兵器国および核保有国に対し、その国家安全保障戦略における核兵器の役割を低減することにコミットするよう要請し、核兵器国に対し、NPTを遵守している非核兵器国に対して核兵器を使用しないというより強化された消極的安全保証を供与するような措置を、できるだけ早く取るよう要請している。[*3]」これは米国の新しい政策をすべての核兵器国が採用するよう要請するものである。

　この新たな宣言は核兵器の役割低減に向けての大きな前進であると評価できるが、1つの問題は、ある国がNPTの当事国であるのかどうか、またNPTを遵守しているのか否かを誰が判断するのかである。米国の宣言では当然のこととして米国が判断することが予定され、それに従って北朝鮮とイランを除外するとしている。しかし、より客観的な判断が望ましいと考えられるので、核不拡散・核軍縮国際委員会（ICNND）が、「唯一の限定として、この消極的安全保証は、その不適用を正当化するような実質的なNPT違反があると安全保障理事会により決定された国には及ばないとすべきであろう」と勧告しているように[*4]、国連安全保障理事会による決定などに委ねるべきであろう。

　米国の新たな強化された消極的安全保証は、以前の宣言に比べて保証が

第2節 消極的安全保証　165

強化され一層明確になっているが、これを他の核兵器国にも広げることが重要であり、5核兵器国の間での共通の保証にすることが必要であろう。英国は同様の強化された消極的安全保証を2010年に宣言している。2012年5月のNATOのシカゴ・サミットにおいて、新たに「抑止・防衛態勢見直し」が合意され、「この同盟は、米国、英国およびフランスによって提供される、独立しかつ一方的な消極的安全保証の重要性を認識する。これらは、国連憲章第51条の下で認められた自衛の固有の権利を含め、各国がこれらの保証に独自に付した諸条件を害することなく、核不拡散条約の締約国であり核不拡散義務を遵守している非核兵器国に対して核兵器が使用されずまたはその威嚇が行われないことを保証するものである」と述べている。[*5]

　主文においては米英が宣言している「強化された消極的安全保証」が強調されているが、それは個々の国家が付した諸条件を害しないとして、フランスの現在の立場を容認するものとなっている。しかし米国のNATO大使イボ・ダルダーは、これはきわめて有意義なステップであり、2010年の核態勢見直しで宣言された米国の政策が、今や欧州に配備された米国の核兵器に適用されるとNATOにより承認されたと説明している。[*6] 強化された消極的安全保証の課題は、これをフランスを含めたNATOの政策とすることであり、さらにロシアに対してもこの政策を採用するよう働きかけることであろう。

2　法的拘束力ある消極的安全保証

　非同盟諸国を中心とする非核兵器国は、消極的安全保証が政治的な宣言のみではなく法的拘束力ある約束として与えられるべきであると、一貫して主張してきた。2010年NPT再検討会議において、NACは、「消極的安全保証は核兵器の全廃を達成するための暫定措置であり、法的拘束力ある消極的な安全保証は核兵器全廃に導く国際環境を促進するものであり、自主的に核兵器のオプションを放棄したNPT締約国にそのような保証を提供す

ることは絶対に必要であり、国際的に法的拘束力ある消極的安全保証を
NPT非核兵器国に提供することは正当な安全保障上の懸念に対処するもの
である」と主張し、NAMも、核兵器の使用に対する非核兵器国への普遍
的で無条件の法的拘束力ある文書の交渉を要請していた。[*8]

　ロシアは、核兵器の使用に対して非核兵器国を保証する国際条約の緊急
の作成を支持していると述べ[*9]、中国も、消極的安全保証に関して、普遍的
で無差別で法的拘束力ある文書ができるだけ早く締結されるべきであるこ
と、軍縮会議は、非核兵器国に対する安全保証に関する国際法文書を締結
する実質作業を早期に開始すべきであることを主張している[*10]。これに対し
て米国は、法的拘束力ある消極的安全保証を実施する最も適切な方法は、
非核兵器地帯を設置する条約の議定書に批准することであると主張し、
「我々は、消極的安全保証に関する世界的条約が実際的であるとも達成可
能であるとも考えていないが、消極的安全保証に関するさまざまな国家の
見解を実質的に協議することには進んで参加する」と軍縮会議において述
べ[*11]、協議はするが条約交渉には反対の意思を表明している。フランスの立
場も同様である。

　再検討会議で合意された行動計画では、非核兵器国に対して核兵器を使
用しないという安全保証につき、核兵器国から明確で法的拘束力ある安全
保証を受けることは非核兵器国の正当な利益であることを再確認し、これ
までの一方的宣言と非核兵器地帯条約議定書を想起して、行動7において、
「すべての当事国は、軍縮会議が、合意される包括的でバランスのとれた
作業計画の中で、国際的に法的拘束力ある文書を排除することなく、制限
なく議論するため、核兵器の使用または使用の威嚇に対して非核兵器国を
保証する効果的な国際取決めの議論を始めることに合意」し、行動8にお
いて、安全保証に関する現行の約束を尊重すること、それを拡大すること
が奨励されている[*12]。

　消極的安全保証の交渉については、多くの国は軍縮会議での条約の交渉
と作成を主張しているが、軍縮会議が10年以上実質的に機能していない

こと、またNPTに参加していないインドおよびパキスタンが軍縮会議のメンバーであることもあり、ノルウェーは新たな国連安全保障理事会決議の採択またはNPT議定書の採択により法的拘束力あるものにすべきだと主張している。またICNNDは、「非核兵器国に対して核兵器を使用しないという新たな明確な消極的安全保証（NSA）が、すべての核武装国により与えられるべきであり、それは拘束力ある安全保障理事会決議により支えられるべきである」と述べ、NPTの当事国である非核兵器国に対して、いかなる時にもいかなる場合にも核兵器の使用を完全に禁止する、国連憲章第7章の下における拘束力ある安全保障理事会決議により達成されると述べている。[*14]

5核兵器国が米国の宣言のような強化された消極的安全保証に合意できるならば、次の措置はそれらを法的拘束力ある形で供与する方向に進むべきである。それは独立した条約の形でもいいし、NPT議定書でもいいし、法的拘束力ある国連安全保障理事会決議でもいいと考えられるので、さまざまなアプローチが試みられるべきである。

3　非核兵器地帯と消極的安全保証

非核兵器地帯条約[*15]には一般に消極的安全保証に関する議定書が付属しており、地帯構成国に対して核兵器国は核兵器の使用および使用の威嚇を行わないことを法的に約束する形をとっている。

2010年5月のNPT再検討会議において、米国のクリントン国務長官は、「今日、私はアフリカおよび南太平洋に設置されている非核兵器地帯への我々の参加を承認するため、米国上院に議定書を提出することをお知らせする。批准により、これらの条約の当事国は、米国はそれらの国に対して核兵器を使用せず、使用の威嚇を行わず、地帯の非核兵器の地位を完全に尊重するという法的拘束力ある保証を得るであろう。我々は、中央アジアと東南アジアの条約の議定書に署名することができるような合意に達する努力において、これらの非核兵器地帯の当事国と協議する用意がある」と

述べた。*16

　米国はこれまで、その核抑止の効果を制限することになる非核兵器地帯条約の議定書への批准にはきわめて否定的であり、消極的安全保証を与えるよりも「計算されたあいまいさ（calculated ambiguity）政策」を取っており、トラテロルコ条約の議定書のみを批准していた。したがって、この決定はオバマ政権における米国の政策の大幅な変更であり、核兵器の役割低減に向けての重要な進展ととらえることができる。オバマ政権における米国のこの積極的な態度は歓迎すべきことであるが、他の4核兵器国はアフリカと南太平洋地域の議定書をすでに批准しており、米国の上院での早期の批准承認が第1の課題となる。2010年5月2日に米国上院に議定書が助言と承認のため正式に提出されているので、上院による早期の批准承認を得て、米国が2つの条約の議定書に早期に批准すべきである。

　なおロシアは、その後2011年3月14日にペリンダバ条約の議定書を批准した。これも法的拘束力ある消極的安全保証を拡大する最近の新たな進展である。

　非核兵器地帯条約の議定書の内容は、地帯構成予定国による交渉の結果作成されるものであって、核兵器国はその交渉に直接参加していない。その結果、核兵器国が条約や議定書の内容に反対を表明し、議定書への署名・批准が進展しないことがある。具体的にはバンコク条約およびセミパラチンスク条約のケースであり、これらの条約の議定書はどの核兵器国によってもまだ署名されていない。

　バンコク条約の場合の問題点は、第1にこの条約は他の条約と異なり、地帯の定義に領域のみならず、大陸棚および排他的経済水域を含めていることであり、第2に議定書が消極的安全保証の供与を定めているほかに、地帯（大陸棚および排他的経済水域を含む）内での核兵器の使用または使用の威嚇の禁止を含んでいることである。1997年の条約発効以来、地帯構成国である東南アジア諸国連合（ASEAN）と5核兵器国は対立を続けてきたが、2010年NPT再検討会議などでの議論を経て、2011年に本格的な協

議を開始し、同年11月には基本的な妥協に達したことが報道されており、妥協の詳細は公表されていないが、今後核兵器国による署名・批准への方向性が示されている[*17]。2012年4-5月に開催された2015年NPT再検討会議第1回準備委員会において、非同盟諸国グループは、「グループは、バンコク条約の議定書に関する東南アジア諸国連合と核兵器国の協議の妥結を歓迎し、核兵器国に対しできるだけ早期に議定書の当事国になることを要請する。グループは5核兵器国が2012年7月に議定書に署名することを期待している」と述べた[*18]。

中央アジアの場合の問題は、ロシアと地帯構成国との間の集団安全保障条約が非核兵器地帯条約より優先する可能性があることである。すなわち第12条前段は、「本条約は、本条約の発効日以前に締結された他の国際条約の下における締約国の権利と義務に影響を与えない」と規定している一方で、1992年のタシケント条約は地帯構成国が侵略された場合にロシアの軍事支援の可能性に言及しているからである。米国、英国、フランスはこの点から態度を留保しており、たとえば英国は、「我々は、核兵器国との協議が完了する前に、中央アジア非核兵器地帯条約が2006年9月に署名されたことに失望している。地帯内の安全保障取り決めのあいまいな性質のゆえに、我々はその議定書に批准することはできない」と述べている[*19]。しかし第12条後段は、「締約国は、本条約に含まれている主要な原則に合致して、本条約の目的及び趣旨の効果的履行に必要なあらゆる措置をとらなければならない」と規定する。

2010年NPT再検討会議で、米国やロシアは問題解決のための積極的な協議の開始の支持を表明しているが、実際には協議は開始されていない。今後の課題は、できるだけ早期に協議を開始し、迅速な解決を図り、5核兵器国による条約議定書の署名・批准を得て、消極的安全保証の約束が与えられるよう努力することである。

4 非核兵器地帯条約議定書への留保

　トラテロルコ条約の議定書にはすべての核兵器国が批准しており、ラロトンガ条約およびペリンダバ条約の議定書には米国以外の4核兵器国が批准を済ませている。その観点からは、これらの範囲において法的拘束力ある消極的安全保証が供与されており、非核兵器地帯構成国に対して核兵器の使用または使用の威嚇が完全に禁止されているように考えられる。しかし、その実態は必ずしもそうではない。

　国際司法裁判所は1996年の「核兵器の威嚇または使用の合法性」に関する勧告的意見において、核兵器の使用または使用の威嚇を禁止する国際法が存在するかどうかを詳細に検討した。そこにはトラテロルコ条約およびラロトンガ条約の議定書に関する検討も含まれており、裁判所は、「これらの条約は、核兵器の使用の将来の一般的な禁止の前兆とみることもできるが、それらはそれ自身で使用の禁止を構成するものではない」と結論している。その理由として、裁判所は、「いくつかの国が特定の地帯において核兵器を使用しないという約束をしているが、その枠組みの中においてさえ核兵器国は一定の状況で核兵器を使用する権利を留保しており、これらの留保に対しトラテロルコ条約またはラロトンガ条約の当事国からのいかなる異議も出されていない」と説明している。[20]

　留保の実態として、フランスの宣言は、「議定書に含まれる約束は、国連憲章第51条に規定された自衛権の完全な行使をまったく妨げないものであると意味すると解釈する」と述べており、自衛権の場合であっても、核兵器の使用を禁止するという議定書の意義をまったく否定するような内容の留保がなされている。また米国、英国、ソ連（ロシア）の宣言に共通するのは、地帯構成国が、核兵器国に支持されて攻撃する場合には、この約束に拘束されないという留保である。[21]

　2010年NPT再検討会議において、新アジェンダ連合（NAC）は、非核兵器地帯条約の関連議定書の発効、および条約の趣旨および目的に反する留

保や一方的宣言の撤回をもたらすすべての必要な措置をとることを要請しており[22]、非同盟諸国（NAM）は、非核兵器地帯条約の関連議定書に署名または批准している核兵器国に対し、留保または一方的宣言を撤回するよう要請している[23]。ブラジルも、非核兵器地帯の趣旨および目的に一致しない、核兵器国による留保または一方的宣言を撤回することを強調している[24]。

会議の最終文書は、行動9において、「すべての関係国は、非核兵器地帯条約および関連議定書を批准し、消極的安全保証を含むすべてのそのような非核兵器地帯条約の関連する法的拘束力ある議定書を発効させるため建設的に協議し協力するよう奨励される。関連国家は、関係する留保を再検討するよう奨励される」と規定している[25]。

ここでの課題は、非核兵器地帯条約の議定書に関連する留保および一方的宣言に関して、実質的に消極的安全保証を無意味にするような宣言の撤回を核兵器国に対して強く求めていくことであり、そのことによって、法的拘束力ある消極的安全保証を強化していくことである。米国は2010年の核態勢見直し報告書で、「米国は、核不拡散条約（NPT）の当事国でありかつその核不拡散義務を遵守している非核兵器国に対しては、核兵器を使用せず、使用の威嚇を行わない」という強化された消極的安全保証を宣言した[26]。したがって、米国およびその他の核兵器国は、少なくともこのレベルの宣言にまで強化すべきである。

5　むすび

核不拡散条約との関連では、条件付きの消極的安全保証が政治的宣言として与えられてきた。2010年の米国による「強化された消極的安全保証」はNPTの当事国で核不拡散義務を遵守していることだけを条件としており、大きな進展であるが、そのことを誰が判断するかという問題が残っており、各核兵器国ではなく国連安全保障理事会など客観的な判断が必要である。次にこの強化された消極的安全保証をフランスおよびロシアに拡大することが重要である。さらに、これらの一方的な政治的宣言を、法的拘束力あ

る消極的安全保証に発展させることが今後の課題となる。

　非核兵器地帯条約の議定書では法的拘束力ある消極的安全保証が与えられるが、まず米国が上院に提出した2つの議定書を早期に批准することが重要であり、また東南アジアおよび中央アジアにおいて地帯構成国と核兵器国との協議を進め、議定書の批准を達成することが必要である。さらに核兵器国による議定書への既存の留保を撤回する方向が追求されるべきである。一般的には、非核兵器地帯をさらに新設し、核兵器の完全な不存在を確保し、核兵器による使用の威嚇が行われない範囲を拡大していく方向が目指されるべきであろう。

〔注〕
* 1　The U.S. Department of Defense, *Nuclear Posture Review Report*, April 2010, pp.15-16. <http://www.defense.gov/npr/docs/2010%20Nuclear%20Posture%20Review%20Report.pdf>
* 2　U.S. Department of Defense, "DOD News Briefing with Secretary Gates, Navy Adm. Mullen, Secretary Clinton, and Secretary Chu from the Pentagon," April 6, 2010. <http://www.defense.gov/transcripts/transcript.aspx?transcriptid=4599>
* 3　2010 NPT Review Conference, Working Paper by Australia and Japan, NPT/CONF.2010/WP.9, 24 March 2010.
* 4　International Commission on Nuclear Non-proliferation and Disarmament (ICNND), *Eliminating Nuclear Threats: A Practical Agenda for Global Policymakers*, Canberra/Tokyo, November 2009, p.178.
* 5　NATO-Official text; *Deterrence and Defence Posture Review*, Press Release (2012) 063, Issued on 20 May 2012. <http://www.nato.int/cps/en/natolive/official_text_87597.html?mode=pressrelease>
* 6　Oliver Meier, "NATO Sticks With Nuclear Policy," *Arms Control Today*, Vol.42, No.5, June 2012, p.25.
* 7　2010 NPT Review Conference, Statement by Egypt on behalf of the New Agenda Coalition, Subsidiary Body I, 10 May 2010.
* 8　2010 NPT Review Conference, Statement by Egypt on behalf of the Group of Non-Aligned States Parties, Main Committee I, 7 May 2010.
* 9　2010 NPT Review Conference, Statement by the Russian Federation, Subsidiary Body I, 10 May 2010.
* 10　2010 NPT Review Conference, Working Paper by China, NPT/CONF.2010/WP.68, 6 May 2010.

*11 "Ambassador Kennedy on Negative Security Assurances," CD Plenary Session, February 10, 2011. <http://geneva.usmission.gov/2011/02/10/conference-on-disarmament/>

*12 Final Document, 2010 Review Conference of the Parties to the Treaty on the Non-Proliferation of Nuclear Weapons, NPT/CONF.2010/50 (Vol.I), New York, Actions 7 and 8. <http://www.un.org/ga/search/view.doc.asp?symbol=npt/CONF.2010/50 (Vol.I)>

*13 2010 NPT Review Conference, Statement by Norway, Subsidiary Body I, 10 May 2010.

*14 International Commission on Nuclear Non-proliferation and Disarmament (ICNND), *Eliminating Nuclear Threats: A Practical Agenda for Global Policymakers*, Canberra/Tokyo, November 2009, pp.175 and 178.

*15 非核兵器地帯とは、ある地域の複数の国家が条約を締結し、その地帯内において核兵器の製造や保有を禁止するとともに、核兵器国による核兵器の配備をも禁止するもので、「核兵器の完全な不存在」を確保するものである。さらに議定書において、核兵器国が消極的安全保証の義務を法的に引き受ける体制になっている。現在5つの非核兵器地帯が存在するが、それらはラテンアメリカ核兵器禁止条約（トラテロルコ条約、1968年発効、当事国33）、南太平洋非核地帯条約（ラロトンガ条約、1986年発効、当事国13）、東南アジア非核兵器地帯条約（バンコク条約、1997年発効、当事国10）、アフリカ非核兵器地帯条約（ペリンダバ条約、2009年発効、当事国29）および中央アジア非核兵器地帯条約（セミパラチンスク条約、2009年発効、当事国5）である。2009年9月の核不拡散・核軍縮に特化した安全保障理事会サミットで採択された国連安全保障理事会決議1887は、その前文において、非核兵器地帯の設置を歓迎し支持し、それが国際の平和と安全保障を促進し、核不拡散体制を強化し、核軍縮に貢献すると述べている。

*16 2010 NPT Review Conference, Statement by the United States, General Debate, May 3, 2010.

*17 Global Security Newswire, "Nuclear Powers to Mull Backing Southeast Asian Atomic-Free Zone," November 16, 2011. <http://www.nti.org/gsn/article/nuclear-powers-to-mull-backing-southeast-asia-atomic-free-zone-2011>. Global Security Newswire, "Cambodia Urges Nuclear Powers to Back Regional Nuke-Free Zone," January 20, 2010. <http://www.nti.org/gsn/article/cambodia-urges-nuclear-powers-back-regional-nuke-free-zone-2012/>. Global Security Newswire, "Indonesia Hopes to Finalize Regional Nuke-Free Zone in 2012," February 7, 2012. <http://www.nti.org/gsn/article/indonesia-hopes-finalize-regional-nuke-free-zone-2012/>

*18 The Second Session of the Preparatory Committee for the 2015 NPT Review Conference, Working Paper by the NAM, NPT/CONF.2015/PC.I/WP.28, 24 April 2012.

*19 The First Preparatory Committee for the Eighth Review Conference of the NPT, Statement by the United Kingdom, Vienna, 30 April 2007.

*20 International Court of Justice, Legality of the Threat or Use of Nuclear Weapons, Advisory Opinion, I.C.J. Reports 1996, para.62.

*21 非核兵器地帯条約議定書の署名・批准に際しての核兵器国の宣言については、Stockholm International Peace Research Institute, *SIPRI Yearbook 2011: World Armaments,*

Disarmament and International Security, (SIPRI, 2011), pp.476-483. 参照.
* 22　2010 NPT Review Conference, Working Paper by the NAC, NPT/CONF.2010/WP.8, 23 March 2010.
* 23　2010 NPT Review Conference, Working Paper by the NAM, NPT/CONF.2010/WP.46, 28 April 2010.
* 24　2010 NPT Review Conference, Statement by Brazil, Main Committee I, May 7, 2010.
* 25　Final Document, note 12, Action 9.
* 26　The U.S. Department of Defense, note 1, p.15.

第3節　核兵器の警戒態勢の解除

1　警戒態勢の解除をめぐる議論

警戒態勢解除の積極論

　冷戦終結後も冷戦時代と同様の警戒態勢が維持され続けたため、この問題は以前から議論されており、2000年NPT再検討会議の最終文書の中において、核軍縮に関する13項目のうちの1項目である核兵器国が核軍縮に導くために取るべき措置として、「核兵器システムの運用状況を一層低下させる具体的な合意される措置」が規定されていた。

　2007年1月のシュルツ、キッシンジャーらによる「核兵器のない世界」の提案は、核兵器国の指導者が核兵器のない世界という目標を共同の事業とするように米国が働きかけるよう提言するものであり、その後の核兵器のない世界という議論の出発点を示すものであるが、そのための基礎として合意すべき8項目の緊急の措置をも提案している。その第1の措置として、「冷戦態勢の核配備を変更し、警告時間を長くし、事故によるまたは無許可の核使用の危険を減少させる」ことを主張している[*1]。

　2008年1月に同じメンバーにより出された「非核の世界に向けて」の提案では、2008年から取るべき措置の1つとして、「諸国が、事故によるまたは無許可の攻撃という危険を減少させるために、すべての核搭載弾道ミサイルの発射のための警告時間および決定時間を長くする措置をとること」を勧告している。この警戒態勢解除の理由として、第1に今日の状況

において警戒態勢は不必要であり危険であること、第2にサイバー戦争における進展が壊滅的な結果をもたらす新たな脅威となっていることを挙げている。*2

警戒態勢解除の最も積極的な提唱者の一人であるブルース・ブレアは、現在の即時発射警戒態勢の具体的なリスクとして以下の点を指摘している。

① ロシアの早期警戒システムはソ連の崩壊後その性能が低下しており、最近の改善にも拘らず、冷戦期よりも偽りの警告を生じやすくなっている。

② 戦略核兵器の無許可の発射に対する厳格な保護の現実のレベルは、核の指揮・管制システムおよびそれらへの脅威の複雑性のゆえに正確な評価が不可能になっており、致命的な欠陥があるので、国家あるいはテロリストのような非国家行為体がこれらのシステムの弱点を悪用し、無許可のあるいは事故による発射が可能になっている。

③ 伝統的な戦争遂行態勢は核兵器を常に移動させるものであるので、テロリストが核兵器を強奪あるいは窃盗する機会を作り出している。

④ 米国とロシアの戦力態勢は、他国が核兵器への野望を抱くことに正当性を与えており、それらの国が即時発射態勢を採択することの正当化を助けている。

彼は逆に冷戦の遺物としての態勢を止め、警戒態勢を低下ないし解除するならば、以下のような大きなベネフィットが生じると主張している。

① 警戒態勢解除は、現在の命令システムに含まれる短い時間をはるかに超える警告時間および決定時間を増加させることになり、それにより誤った発射の危険を無視しうる割合に減少させる。

② 警戒態勢解除は、無許可の発射およびテロリストによる悪用に対する保護を強化する。

③ 警戒態勢解除は、危機における安定性を強化する。現在の戦争遂行戦略に刺激されて、今日の深刻な危機は不安定な再警戒競争を生み出すことがある。警戒態勢解除は危機の時期に不安定を生じさせるとい

う理由でしばしば批判されているが、実際の状況は正反対である。

④　警戒態勢解除の大きなベネフィットは、それが核兵器の役割を低減するものであるので、拡散の動機を低下させることである。

さらに彼は警戒態勢解除は可能であり、そのような措置を講じることにより迅速発射オプションを無効にし、報復前の攻撃を除去するような第二撃態勢を間違いなく作り出すであろうし、核戦争遂行戦略の優越は終了すると述べ、具体的に以下のような方法を提案している。

①　理想的には、米国とロシアが一致して警戒態勢を解除をすることであり、相互的な警戒態勢解除は両国に対し即時に大きな安全保障上および安全上のベネフィットをもたらす。

②　この有益な警戒態勢解除は米国の一方的な措置で開始することも可能であり、それは米国の核兵器の生存可能性を保留するもので、ロシアに対してそれに続くよう信頼を与えるものである。

③　態勢がもっと深く警戒解除されるならば、たとえば核弾頭と運搬手段を切り離し、核ストックパイルを地上の貯蔵所に統合するならば、警戒解除の状態を検証するのはもっと容易になるが、この検証プロセスはより重大なものとなる。[*3]

サム・ナンも警戒態勢を解除すべきであると主張し、「誤った核兵器の発射の危険をできるだけゼロに近づけるために、米国とロシアは、高い優先課題として、米国およびロシアの指導者のための警告時間および決定時間を長くする措置を追求すべきである。そのような措置としては、米国およびロシアの早期警戒（共同早期警戒センターの構築と共同管理以上のもの）、指揮・管制、即時発射態勢にある弾頭の削減を含む戦力態勢に関連する一方的措置、共同あるいは二国間措置が含まれるだろう」と述べている。[*4]

ニューヨークタイムズの社説においても、「米国とロシアは約1000の核兵器を即時に発射できる状況に置いている。核態勢見直しはできる限り多くの戦力を即時発射態勢から取り除くよう約束すべきであり、ロシアも同様にするよう奨励すべきである」と主張している。[*5]

東西研究所の報告書

　2009年6月には東西研究所がスイス政府とニュージーランド政府の協賛を得て、「核兵器の警戒態勢解除を再構築する：米ロの運用準備態勢を低下する」と題する会議を開催したが、それは以下の疑問に答えることを目的としていた。①核兵器の運用準備態勢を低下させる核兵器国間での過去の経験はどうであったか。②核兵器システムの運用準備態勢を低下させ決定時間を増大させる現在のアプローチに対する主要な批判は何であるのか。どのようなアプローチが米ロに受諾可能であるのか。そのようなアイディアはどのように運用化されるのか。③警戒態勢解除と軍縮への努力との間にどのような関係があるのか。それらは補完的なのか。

　会議のまとめとして、問題が狭く構築されないならば、核兵器の運用準備態勢を低下させることに基本的な障害はなく、多くの有益な措置があること、警戒態勢解除は技術的解決策として考えられるだけでなく、核兵器の軍事的役割の重要性を低減する戦略的措置と考えられるべきこと、言い換えれば、冷戦の遺物である先制的あるいは「警告即発射」態勢ではなく報復的攻撃態勢に移行することであるという基本的認識をもっており、このような方法で、核兵器の運用準備態勢を低下させるよう再構築されるならば、以下のようないくつかの具体的措置が可能となると述べている。[*6]

① START後継交渉の一部として、米ロは運用準備態勢を低減するための措置をどのようにして二国間軍備管理プロセスに含めることができるのか検討することができる。

② 米ロ両国とも、無許可の行動、乗っ取り、不正移動に対する管理を一層強化できるし、想像上の攻撃と真の攻撃を区別するための警告システムの能力を一層強化できるし、その戦力と指揮・管制システムの生存可能性を一層促進することができる。

③ データ交換および飛行中の「無法者の」ミサイルを破壊する能力を確保することに関する取り決めを多国間のものにすることができるし、

少なくともデータの共有および他の宣言された核兵器国をプロセスに取り込むことができる。
④　共同データ交換センターのような制度の多国化は、宇宙における安全保障の分野における付随的利益を生むであろう。
⑤　米ロ間の核抑止の維持という前提も不可侵と考えられるべきではない。米ロ間の文脈における冷戦の遺物としての核態勢および核ドクトリンに関する対話は、核兵器の重要性を低減するという関連国家におけるより広い対話を引き出すであろうし、軍縮および不拡散における進展を促進するであろう。

また結論部分において、参加者の間でコンセンサスが可能であった以下の点を指摘している。
①　警戒レベルは政治的意思の機能であり、本質的に軍事的あるいは技術的条件ではない。政治的意思があればそれは低下されうる。
②　警戒態勢解除は新しい問題ではなく、過去において警戒態勢は上げられたり下げられたりしている。
③　現在の警戒レベルは現在の米ロ間の政治関係と一致していない。警戒レベルは冷戦から引き続いているが、米ロ関係は進展している。
④　現在の警戒レベルは本質的なリスクを示している。
⑤　リスクがどのように評価されようとも、核兵器の安全とセキュリティを促進することおよび決定時間を長くすることは重要だと考えられる。
⑥　核兵器国間の情報交換は向上されるべきである。
⑦　警戒態勢解除と軍縮問題の間には連結が存在する。
⑧　核戦力の生存可能性が警戒態勢を可能にするのに重要である。

しかし、以下の点においてはコンセンサスは得られなかった。
①　ある人々は、現実の警戒態勢における事故または無許可の核兵器の発射の危険は「仮説上」のものと考えるが、他の人々は非常に高いものであるので適切な行動が必要であると考える。

② 多くの人々は行動する必要を認めているが、行動の性質、タイミング、順番が異なっている。たとえば軍縮と警戒態勢の順序についての意見が異なる。
③ いくらかの人々は警戒態勢解除が、便益よりも多くの否定的な副作用を伴うと考えている。たとえば警戒態勢解除は、再警戒態勢への競争へと導くので戦略的安定性を削減するとか、それは現状より高い技術的リスクやコストを招くという意見がある。[*7]

警戒態勢解除の消極論

2009年5月に提出された「アメリカの戦略態勢：米国の戦略態勢に関する議会委員会の最終報告書」は、ウィリアム・ペリー元国防長官を議長、ジェームズ・シュレジンジャー元国防長官を副議長とし、議会から提出が義務付けられたものであり、オバマ政権の政策にも大きな影響を与えたものであるが、以下のように述べている。[*8]

　軍備管理の専門家のいくらかは、米国とロシアの戦力をいわゆる「即時発射」の警戒態勢から解除する新たなタイプの協定を結ぶよう精力的に圧力をかけている。しかしこれはこの問題のまったく誤った性格付けである。両国の警戒態勢は実際のところきわめて安定的である。それらは何層もの管理に従っており、明確なシビリアンの決定そして実際には大統領の決定を確保している。本当に焦点が当てられなければならないのは、大統領が報復的攻撃を承認する以前に、米国の大統領――ロシアの大統領もまた――が入手できる決定時間および情報を増加させることである。

　冷戦中には、米国あるいはロシアが事故による核戦争を引き起こすような人を誤らせる指示を受ける多くの出来事があった。今日では緊張が大幅に緩和しているので、そのようなリスクは今では比較的低いと思われる。そのようなリスクを一層削減するための明白な方法は、両方の大統領の決定時間を増加することである。大統領は米国戦略軍司令官に対

し、大統領が利用できる決定時間に影響を与える要素の分析ならびに彼が急いだ決定をなさなければならない状況に陥るのを避けるためにどうすべきかの勧告を与えるよう求めるべきである。決定プロセスのいかなる変更においても、危機における安定性を維持すること、さらに促進することが重要である。

この委員会の報告書は、警戒態勢の低下あるいは解除には反対であり、大統領の決定時間を長くすることにより、そのような問題は解決すべきであり、解決できると主張している。

同様に、クリストファー・フォードも、警戒態勢解除の提案は一見表面上の訴える力を享受しているが、以下の理由により、その力も失われると主張している。[*9]

① 現在の戦力は必然的に不安定化させる「即時発射」の前提にあるというのは本当ではない。むしろ核兵器態勢は国家指導者に多くの情報と決定時間——したがって柔軟性——を与えることを目的としている。

② 警戒態勢解除は、あるタイプの事故による核戦争の危険を減少させるかもしれないが、そうでない場合よりも危機の早期において他国を威嚇するものと見られる行動(再警戒態勢)へと指導者を強制的に進ませるので、危機における不安定性との関連で多くのコストを払わせるものとなりうる。

③ 再警戒態勢へ迅速に進む能力をきわめて重要なものであると評価することにより、警戒態勢解除措置はそれ自身が参加国の間の戦略的バランスに影響を与え、多分不安定化の影響をもつであろう。警戒態勢解除はまた、再警戒態勢技術あるいはもっと簡単に警戒態勢に戻りうるシステムの構築において新たな軍備競争を促進するであろう。

④ 警戒態勢解除は事故によるリスクを減少させる唯一の方法ではなく、たとえば米ロは、警戒態勢解除の主張者が対応しようとしている事故またはエラーによるリスクそのものを緩和するために、透明性および信頼醸成措置にすでに合意している。

2　米国の警戒態勢解除への態度

オバマ大統領の初期の見解

オバマ大統領は当初は警戒態勢の解除にきわめて積極的であり、いくつかの場面でそれを推進する意思を表明していた。まず選挙運動中の2007年10月のシカゴでの演説で、米国は核兵器のない世界を追求することを初めて表明したが、その演説の中で、「我々はロシアと協力して、両国の弾道ミサイルを即時発射警戒態勢から解除し、核兵器と核物質のストックパイルを大幅に減少する」と主張していた。[*10]

オバマは2009年1月に大統領に就任してからもその当初は、警戒態勢を解除するという政策を明確に表明していた。米国のオバマ政権の各分野の政策アジェンダとしてさまざまな政策が示されたが、2009年4月には、「米国政権の外交政策」の中において、「オバマとバイデンは、新たな核兵器の開発を停止し、米国とロシアの弾道ミサイルを警戒態勢から解除するためロシアと協力する」と述べられていた。[*11] また「米国政権の本土安全保障政策」でも、「警告時間および決定時間を長くするためにロシアと協力し、核兵器を即時に発射できる状態に維持するという冷戦の危険な政策を、相互的にかつ検証可能な方法で停止するためにロシアと取り組む」と述べられていた。[*12] この時点では、オバマ大統領は明らかに警戒態勢解除のための措置をロシアと協議し、交渉する意思を示していた。またそれは相互的にかつ検証可能な方法で実施することを予定していたので、ロシアとの二国間協定を締結する可能性も存在していた。

米国の核態勢見直し報告書

2010年4月に発表された核態勢見直し（NPR）報告書では、以下のような検討が行われた。

① 大統領のための決定時間の最大化は、より低い戦力レベルで戦略的安定性をさらに強化することができる。

② NPRは米国の戦略戦力の現在の警戒態勢に調整がありうるかを検討した。今日、米国の核搭載能力のある重爆撃機は警戒態勢から解除されているが、ほとんどすべてのICBMは警戒態勢にあり、弾道ミサイル原子力潜水艦（SSBN）の大部分はいつも海中にいる。NPRはこの態勢は維持されるべきであると結論した。

③ NPRはすべてのICBMおよびSLBMの「外洋照準」という現行の慣行を再確認した。それは事故による発射というきわめてありえない出来事において、ミサイルが外洋に着弾するためである。米国はロシアに対し、1994年に相互に合意されたこの慣行を継続するという約束を再確認することを求める。

⑤ NPRは、ICBMの警戒レートの低下およびSSBNの海中にいるレートの低下の可能性を検討したが、そのような措置は「再警戒」が完了する前に敵に攻撃する動機を与えるので、危機における安定性を減少させうると結論した。

⑥ 長期的観点から、NPRは警戒態勢の将来における低下へと導くような研究を開始した。

⑦ NPRは、危機における安定性、抑止、核ストックパイルの安全性、確実性、有効性を確保するのに不可欠な要素として、米国核戦力の指揮・管制の有効性を検討した。

⑧ 国防長官は核指揮・管制・通信システムおよび危機において戦力を十分慎重に管理する能力をさらに改善するための多くのイニシアティブを命令した。

NPRは、全体として以下のように結論している。

① 米国の戦略戦力の現在の警戒態勢を維持する。米国の核搭載能力のある重爆撃機は警戒態勢から解除され、ほとんどすべてのICBMは警戒態勢にあり、弾道ミサイル原子力潜水艦（SSBN）の大部分はいつも海中にいる。

② すべてのICBMとSLBMの「外洋照準」の慣行を継続し、無許可の発射のミサイルは外洋に着弾するようにする。それは無許可のあるいは事故による発射というきわめてありえない出来事において、ミサイルが外洋に着弾するためである。米国はこの慣行への約束を再確認するようロシアに求める。
③ 核危機における大統領の決定時間を最大限にするため、米国の指揮・管制システムに新たな投資を行う。
④ 生存可能性を促進し、迅速発射の動機を一層低下させうるようなICBMの新たな配備方式を探求する。そのような評価は、現在のICBM戦力の可能な代替に関する国防省の研究の一部となる。[13]

このように大統領の以前の発言とは大きく異なる内容を含んだ核態勢見直し報告書が発表されたため、さまざまな方面から批判が浴びせられた。ハンス・クリステンセンは、「全体的に見ると、NPRは三本柱の運搬手段に配備された核兵器の冷戦時代の戦力構造を維持し、米国の戦略戦力の現在の警戒態勢が今のところ維持されるべきであると結論している。米国とロシアの弾道ミサイルを即時発射警戒態勢からはずすためにロシアと協力するとしていたオバマの選挙キャンペーンの誓約は延期されたように思える」と非難している。[14]

ブルース・ブレアらは、NPRを批判して、「警戒態勢解除は再警戒態勢や危機における先制攻撃の発射のインセンティブを生じさせるものではない」と述べ、最近テロリズムや核拡散の増加の傾向があるので、このような即時の発射態勢を維持することは責任を増加させるものであり、即時発射警戒態勢をやめることが、核兵器のサイズのさらに一層の削減の可能性に道を開くことを含め、大きなベネフィットがあることを強調している。[15]

3 警戒態勢解除の最近の動き

2010年NPT再検討会議

2010年5月のNPT再検討会議でもこの問題は広く議論され、日豪提案は、「すべての核保有国に対し、事故によるまたは無許可の発射の危険を減少させる措置をとること、および国際の安定と安全保障を促進する方法で核兵器システムの運用状況を一層低下させることを要請する」と規定しており[16]、NAC提案は、「すべての核兵器が高い警戒態勢から解除されることを確保するため、核兵器システムの運用準備態勢を低下させるために一層の具体的措置を要請する」ものであった[17]。NAMは核兵器廃絶条約の要素において、2015年の第1段階で核兵器システムを運用準備態勢の状態から解除することを要請している[18]。

この問題に特化した提案としては、ニュージーランドが、チリ、マレーシア、ナイジェリア、スイスとともに、核兵器システムの運用状況の一層の低下に関する作業文書を提出し、①警戒レベルの低下は核軍縮のプロセスに貢献すること、②すべての核兵器が高い警戒態勢から解除されることを確保するため、核兵器システムの運用準備態勢の低下のため一層の具体的措置がとられるべきこと、③核兵器国に対しその核兵器システムの運用準備態勢を低下させるためにとった措置につき定期的に報告することを要求している[19]。

この提案に関してニュージーランドは、「警戒レベルの低下は、核兵器の役割の低減を示すことによって、核軍縮へのプロセスに貢献するものであり、また重要な透明性措置および信頼醸成措置として役立つであろう。核兵器システムの運用準備態勢を低下させるためにとった措置につき定期的に報告することは、運用準備態勢の低下が安全保障ドクトリンにおける核兵器の役割の低減へと変換されることへの信頼を生み出すものである」と説明している[20]。

NPT再検討会議の最終文書は、行動5のeで、「国際的安定と安全保障を

促進する方法で、核兵器システムの運用状況をさらに低下させることに対する非核兵器国の正当な利益を考慮すること」と規定し、fで、「核兵器の事故による使用の危険を低下させること」を規定している。

国連総会における議論

上述のチリ、マレーシア、ニュージーランド、ナイジェリア、スイスの5カ国は、2007年より国連総会においても、「核兵器システムの運用準備態勢の低下」と題する決議案を提出しており、2012年の国連総会においても同様の決議案を提出し、核兵器を高い警戒で維持するのは冷戦の核態勢の特徴であり、冷戦の終結にも拘らず多くの核兵器が高い警戒にあり、数分以内に発射される準備態勢にあり、高いレベルの準備態勢は核兵器の意図しないまたは事故による使用のリスクを増大させるものであり、運用準備態勢の低下は国際の平和と安全保障に貢献し、核軍縮のプロセスに貢献すると述べつつ、すべての核兵器が高い警戒状況から解放されることを確保するため、核兵器システムの運用準備態勢を低下するための一層の具体的措置を取るよう要請している。[21]

この決議は賛成145、反対4、棄権19で採択されたが、反対した国は、フランス、ロシア、英国、米国である。フランス、英国、米国はその反対の理由を以下のように述べている。[22]

① 我々は、核兵器の現在の準備レベルが意図しないまたは事故による使用のリスクを増大させるという決議の基本的な前提に引き続き反対する。
② 現在の決議は、警戒レベルの低下は自動的にかつあらゆる場合において、国際安全保障の強化へと導くという前提から出発している。現実には、警戒レベルは国際安全保障環境の改善に対応して低下することができるし、低下されてきた一方で、警戒レベルと安全保障の関係は複雑であって、そのような単純な陳腐な対応に還元することはできない。
③ 我々の核兵器システムは、事故によるまたは意図しない使用の可能性に対して安全を確保するため、また核兵器が適切な国家司令部の命令に

よってのみ使用されることを保証するために、そして指導部の決定時間を最大限にするために、最も厳格な指揮・管理・通信システムに従っていることを繰り返し述べておきたい。

グローバル・ゼロ米国核政策委員会報告書

2012年5月にグローバル・ゼロ米国核政策委員会は、「米国の核戦略、戦力構造と態勢を近代化する」という報告書を提出し[*23]、今後10年で米国がとるべき例示的な将来の核政策と構造を提示した。その具体的な計画は、米国は今後10年間で全体の核兵器数を最大限900へと削減し、そのより少ない核兵器に対する警告時間および決定時間を増加するものである。このように、この提案の中心は核兵器の削減と警戒態勢の低下である。

この例示的提案に含まれる次にとるべき措置は以下の5つの基本的理由により可能であり望ましいものであるとして、①攻撃に対する核の報復という威嚇に基づく相互核抑止はもはや米ロの安全保障関係の要石ではない、②両国に対する実際の現存する脅威は核兵器を使用することによって解決できるものではない、③核兵器削減を多国間の事業にするという勧告は現在の核軍備交渉の枠組みの基本的欠陥を是正するであろう、④世界は核兵器を生産し維持するために、また環境と健康への影響を緩和するために莫大な費用を使っている、⑤ロシアと米国の発射準備の核態勢は不必要なリスクを生み出している、という理由を列挙している。

特に5番目の発射準備態勢につき、以下のように述べている。

そのリスクは低いだろうが、ミサイルが事故、誤算、間違い、偽りの警告、誤った判断、無許可の行為により発射されるリスクはまだ存在している。その結果は壊滅的であろう。冷戦が終結しているので、即時の通告で大規模な核戦争を戦う準備をしているという冷戦の慣行を終わらせることは賢明なことである。発射準備態勢は低下させられ、米ロ関係の現在の政治的現実に一致させることができよう。警告時間および決定時間は戦略戦力については分単位ではなく日単位に、戦術戦力については時間単位では

なく日単位または週単位に長くされるであろう。

結論部分においても、現在の米国の核政策は冷戦思考に基づく脅威にあまりにも狭く焦点を合わせたものであり、現在の米国の核政策はまたその意図がないのに核紛争を開始するというリスクを不必要に招いており、冷戦期とまったく同じように発射準備核態勢を維持することによって米国とロシアは壊滅的な結果が生じるであろう核のミステイクというリスクを負っていると鋭く批判している。

米国の核兵器運用戦略

オバマ大統領は2013年6月19日に今後の米ロの間でさらに戦略核弾頭を3分の1削減するという提案などを含むベルリン演説を行ったが、その直後に国防省は、「米国の核兵器運用戦略報告書」を提出した[*24]。これはオバマ政権による2010年4月の「核態勢見直し（NPR）報告書」の内容を政府内で深く議論してさらに詳細な米国の核政策を記述するものである。その内容の大部分はNPRと同様であるが、警戒態勢の低下・解除に関連して新たな政策がこの報告書には含まれた。

核運用のためのガイダンスの記述の中に「核兵器の役割を低減する」という項目があり、そこではNPRで記述されていた核兵器の唯一の目的および非核攻撃オプションとともに、新たに「攻撃下の発射（Launch Under Attack）」に関する記述が書き入れられた。それは、「相手を武装解除するような核による奇襲攻撃という可能性は大幅に低下したことを認め、このガイダンスは国防省に対し、命令されれば攻撃下で発射する能力を維持しつつ、攻撃下の発射が米国の計画の中で演じる役割を低減するための一層のオプションを検討するよう命令する」と規定している。

「攻撃下の発射」とは、敵国からの核攻撃を探知した後に即時に反撃するもので、そのため数百の核兵器が即時発射できる態勢におかれている。今回の新たな指針は、警戒態勢の低下または解除を直接求めるものではなく、当面はそれを維持しつつも、全体の計画の中でのその役割を低減する

ためのオプションを検討するよう命令しており、最終的には検討後のオプションとその履行状況に依存するものであるが、米国の国家安全保障戦略における核兵器の役割の低減に向けての措置として一定の評価ができるであろう。

4 むすび

このように、核兵器の警戒態勢の低下または解除については、最近の積極的な推進の議論にもかかわらず、またオバマ大統領の初期の積極的な態度にもかかわらず、現実にはほとんど進展がみられない。米国内において軍部を中心に強硬な反対が存在するものと考えられるが、オバマ大統領がプラハで強調したように、「冷戦思考に終止符を打つために」は警戒態勢を低下させまたは解除することはきわめて重要であり、またそのための中心的な要素でもある。

クリステンセンらの最近の研究の結論部分においては、以下のように述べられている。

　核戦力の運用準備態勢を低下させることに反対する最も重要な議論は、警戒態勢解除は、核兵器国にその核戦力を最初に発射するよう急がせることになる再警戒への競争を引き起こすことにより、危機における不安定を作り出すという主張である。

　我々の分析によると、警戒態勢に反対する議論の根拠は疑問視される。ほとんどの警戒態勢解除の反対者は、潜在的なリスクと警戒態勢への移行の困難を強調しすぎであり、他方、警戒態勢にある核戦力が生み出すと彼らが認める深刻なリスクを過小評価していると判断できる。

　警戒態勢解除を主張する提案は、事故または間違いによる発射のリスクとそれに伴う恐ろしい結果についての多くの人々の懸念に動機づけられているが、核兵器の数および役割を低減する努力の文脈における問題として対応することも重要である。[*25]

具体的には、米ロの協議の開始が第一歩であり、両国の信頼を醸成しな

がら、積極的に努力すべきであろう。核態勢見直し報告書で、「このような措置は再警戒が完了する前に攻撃するという動機を敵に与える」ことが主たる理由とされていることからも、米国の一方的措置として実施するのは困難であると考えられる。したがってオバマ大統領が主張していたように、ロシアとの協議あるいは交渉を進め、二国間の双務的な警戒態勢の低下または解除の方式を探るべきであり、検証を伴うような法的な合意を目指すべきであろう。

〔注〕

* 1　George P. Schultz, William J. Perry, Henry A. Kissinger and Sam Nunn, "A World Free of Nuclear Weapons," *Wall Street Journal*, January 4, 2007. <http://www.fenl.org/issues/item.php?item_id=2252&issue_id=54>
* 2　George P. Schultz, William J. Perry, Henry A. Kissinger and Sam Nunn, "Toward A Nuclear-Free World," *Wall Street Journal*, January 15, 2008. <http://www.nti.org/c_press/TOWARD_A_NUCLEAR_FREE_WORLD_OPED_011508.pdf>
* 3　Bruce Blair, "De-alerting Strategic Forces," Hoover Institution, *Reykjavik Revisited: Steps Toward A World Free of Nuclear Weapons*. October 2007, pp.25-31. <http://www.hoover.org/publications/books/online/15766737.html>
* 4　Sam Nunn, "NATO Nuclear Policy and Euro-Atlantic Security," *Survival*, Vol.52, No.2, April-May 2010, p.15.
* 5　Editorial, "New Think and Old Weapons," *New York Times*, February 28, 2010. <http://www.nytimes.com/2010/02/28/opinion/28sunl.html>
* 6　The EastWest Institute, *Reframing Nuclear De-Alert: Decreasing the Operational Readiness of U.S. and Russian Arsenals*, 2009, p.iv. <http://www.ewi.info/refraiming-de-alart>
* 7　*Ibid.*, p.15.
* 8　William J. Perry, Chairman and James R. Schlesinger, Vice-Chairman, *America's Strategic Posture: The Final Report of the Congressional Commission on the Strategic Posture of the United States*, United States Institute of Peace Press, Washington, D. C., 2009, p.69.
* 9　Christopher A. Ford, "Dilemmas of Nuclear Force "De-Alerting"," Presented to the International Peace Institute Policy Forum, New York, October 7, 2008, pp.15-16. <http://www.hudson.org/files/documents/De-Alerting%20Final%20 (2).pdf#search='dilemmas+of+nuclear+force+dealerting+ford+2008'>
* 10　"Remarks of Senator Barak Obama: A New Beginning," Speech given in Chicago, Il., on October 02, 2007. <http://www.clw.org/elections/2008/presidential/obama_remarks_a_new_beginning/>

*11　White House, The Agenda: Foreign Policy. <http://www.whitehouse.gov/agenda/foreign_policy/>

*12　White House, The Agenda: Homeland Security. <http://www.whitehouse.gov/agenda/homeland_security/>

*13　The U.S. Department of Defense, *Nuclear Posture Review Report*, April 2010. pp.25-27. <http://www.defense.gov/npr/docs/2010%20Nuclear%20Posture%20Review%20Report.pdf>

*14　Hans Kristensen, "The Nuclear Posture Review," *FAS Strategic Security Blog*, April 8, 2010. <http://www.fas.org/blog/ssp/2010/04/npr2010.php>

*15　Bruce Blair, Victor Esin, Matthew McKinzie, Valery Yarynich and Pacel Zolotarev, "Smaller and Safer: A New Plan For Nuclear Posture," *Foreign Affairs*, Vol.89, No5, September-November 2010, p.13.

*16　2010 NPT Review Conference, Working Paper by Australia and Japan, NPT/CONF.2010/WP.9, 24 March 2010.

*17　2010 NPT Review Conference, Working Paper by the New Agenda Coalition, NPT/CONF.2010/WP.8, 23 March 2010.

*18　2010 NPT Review Conference, Working Paper by the Group of Non-Aligned States, NPT/CONF.2010/WP.47, 28 May 2010.

*19　2010 NPT Review Conference, Working Paper by New Zealand on behalf of Chile, Malaysia, Nigeria and Switzerland, NPT/CONF.2010/WP.10, 23 March 2010.

*20　2010 NPT Review Conference, Statement by New Zealand on behalf of Chile, Malaysia, Nigeria, Switzerland and New Zealand, Main Committee I, 11 May 2010.

*21　UN General Assembly, A/C.1/67/L.28, 23 October 2012.

*22　UN General Assembly, Explanation of Vote by the United Kingdom on behalf of France, the United Kingdom and the United States, "Decreasing the Operational Readiness of Nuclear Weapons Systems," 5 November 2012.

*23　Global Zero U.S. Nuclear Policy Commission Report: Modernizing U.S. Nuclear Strategy, Force Structure and Posture, May 2012. <http://www.globalzero.org/en/us-nuclear-policy-commission-report>

*24　U.S. Department of Defense, *Report on Nuclear Employment Strategy of the United States Specified in Section 491of 10 U.S.C*, June 19, 2013. <http://www.defense.gov/pubs/ReporttoCongressUSNuclearEmploymentStrategy_Section491.pdf>

*25　Hans M. Kristensen and Matthew McKinzie, *Reducing Alert Rates of Nuclear Weapons*, United Nations Institute for Disarmament Research, Geneva, 2012, pp.33-35.

第4章
核廃絶への現実的アプローチ

核兵器のない世界を達成するためには、さまざまな領域においてさまざまな行動を取ることが不可欠であり、それらの行動には長期的包括的なものから短期的個別的なものまで含まれる。本章においては、これまでの議論を基礎に、核兵器のない世界という理想あるいはビジョンに向けて進展するための現実的なアプローチを考察する。

1　長期的で包括的な諸措置

核兵器のない世界へ向けての長期的で包括的な措置としては、第2章で検討した3つのアプローチ、すなわち、核兵器禁止条約、核軍縮への人道的アプローチおよび核兵器の非正当化の措置が有益であり、かつ不可欠である。

核兵器禁止条約

これまでの核軍縮に関する伝統的な議論、交渉およびその成果は、米ロ間の戦略兵器削減交渉に見られるように、「段階的（ステップ・バイ・ステップ）アプローチ」であった。それらは、即時の交渉可能性が高い措置について、交渉の開始の努力を行い、交渉し、条約を作成するものであり、新START条約、包括的核実験禁止条約（CTBT）、兵器用核分裂性物質生産禁止条約（FMCT）などがその実例である。米ロを中心とする核兵器国が現実的であり実際的であるとして高く評価する伝統的な「段階的アプローチ」は、単一の個別の措置にのみ焦点を当てて行動するもので、さまざまな核軍縮措置の連続性あるいは関連性などは一切考慮されない。

しかし、核兵器のない世界を達成するためには、核兵器の廃絶に至るさまざまな措置を連続的にかつ相互関連性の中で進めることが必要であり、当然のこととして「包括的アプローチ」が必要となる。核兵器禁止条約は、すべての核兵器関連活動を禁止し、すべての核兵器の廃絶を要求するものである。核兵器の廃絶は即時に実施可能なものとは考えにくく、それはい

くつかの段階にわたって時間をかけて実施されるものであろう。しかしそれは、核廃絶へのコミットメントもなく、廃絶のための時間的枠組みもない伝統的な「段階的アプローチ」とはまったく異なるものである。

核兵器禁止条約に関しては、そのモデル条約あるいは核兵器廃絶プロセスの枠組みはNGOあるいは非同盟諸国により提案され、すでに存在しているが、現在のところ核兵器国が核兵器禁止条約に反対しているため、近い将来に政府間の交渉が開始されるのは難しいと考えられる。しかし、核兵器のない世界に向けてのプロセスおよびその最終段階を明確に示している核兵器禁止条約を考え議論することは、必要でありかつ有益である。1つの方法として、生物兵器禁止条約や化学兵器禁止条約と同じように単一の条約によって、一定の期間内にすべての核兵器の廃絶を規定する条約を交渉することも可能であろう。また単一の条約ではなく、1つの核兵器禁止枠組み条約といくつかの議定書によって核兵器のない世界を目指すことも可能であろう。その場合、枠組み条約において、核兵器を廃絶するという基本的義務のほか、段階的削減のプロセスや検証や機構などの原則に関する基本的枠組みに関する合意を規定し、個々の核削減などに関する義務は、その後定期的に開催される締約国会議において交渉され、合意されるものである。

核兵器禁止条約を議論することが重要なのは、条約の交渉および条約の締結に至ることがなぜそれほど困難であるのかを考える重要な機会を提供するものであり、どのような準備が必要なのか、どのような前提条件が必要なのか、どのような国際社会構造の変形が必要なのか、どのような信頼醸成措置が必要なのかといった課題に対応することができるようになるからである。

これらの諸問題を議論し、それらの解答を見出すことが必要である。これらは交渉開始の絶対条件ではないが、核兵器禁止条約の交渉を開始し条約を作成するためのきわめて重要なプロセスである。条約草案を考え作成するだけでは不十分である。核兵器のない世界への道程に存在するさまざ

まな障害物にうまく対応することによって、どのようにして核兵器禁止条約を成功裏に交渉し締結できるかが検討されなければならない。

核軍縮の人道的アプローチ

核軍縮の人道的アプローチは核兵器の非人道的性質に基盤を置いているものであり、最近までそれほど積極的には議論されてこなかった側面からの議論である。スイスおよび赤十字国際委員会が指導的役割を果たしてきた。国際人道法は、元々はまた基本的には武力紛争時における特定兵器の使用あるいは使用方法の合法性・違法性に関わるものである。しかし、人道的側面に基づく最近の議論は、核兵器の使用の違法性のみならず、核兵器の使用の威嚇の違法性に広がり、さらにその根本的解決方法として核兵器の廃絶をも訴えるものとなってきており、今では主として核兵器廃絶を訴えるものとなっている。

軍備管理・軍縮交渉は、伝統的には主として戦略的考慮に基づいて実施されてきた。冷戦期のみならず冷戦後においても、戦略核兵器に関する交渉の主たる考慮は、米国とソ連／ロシアの間の戦略的安定性の確保であった。戦略核兵器の削減は冷戦後に開始されたが、そこでも主要な関心は戦略的安定性の確保である。このことが、削減がそれほど大幅なものではなかったこと、段階的アプローチが採用されたこと、核廃絶という最終段階が展望できなかったことの理由である。

他方、人道的アプローチは、軍備管理アプローチとは完全に異なり、兵器の使用の非人道性に焦点を当てるものである。その提唱者は、核兵器の使用の結果は壊滅的であり、地球上の人類の全滅を暗示するものであるので、核兵器は人類と共存できないことを強調している。このことが、彼らが段階的アプローチによる核兵器の削減ではなく、核兵器の廃絶を主張している理由である。この種の考えは、核兵器禁止条約および核兵器廃絶の基盤としてきわめて有益であり有用である。

対人地雷禁止条約およびクラスター弾条約の交渉の開始においても、そ

れらの兵器の文民への影響という人道的側面が強調され、軍備管理アプローチではなく、人道的アプローチが採られた。これらの条約の交渉開始から実際の交渉をリードしたのは、カナダやノルウェーといった中堅国家と国際NGOであり、彼らが取り組んだのは正に「人間の安全保障」の観点からであって、伝統的な「国家の安全保障」の観点からの議論ではなかった。

核兵器の非正当化

　核兵器の非正当化という議論は、核軍縮に向けてのまったく新しいアプローチであり、それは主として核兵器の有用性の側面を批判するものであるが、核兵器のあらゆる側面に関わるものである。それは、軍事的または政治的観点から核兵器は役に立たないと主として主張しているが、さらに核兵器の違法性を法的観点から主張し、その不道徳性を道徳的観点から主張している。そこには、核兵器が保有していると広く一般に信じられている正当性、価値、役割、権威あるいは名声などを低減し剥奪するためのあらゆる措置が含まれる。

　核兵器の非正当化がなしうる最も重要な任務は、以下のような核抑止をめぐるこれまでの議論が本当に正しかったのかを検討し、批判することである。大国間の戦争が起こらなかったのは相互核抑止が効果を発揮したからなのか。核兵器国に対する非核兵器国の通常兵器による攻撃を核兵器が本当に抑止したのか。核兵器は生物・化学兵器の使用を抑止したのか。核兵器はテロリストの攻撃を抑止できるのか。核兵器の使用に対するタブーは広く認められているが、核兵器の抑止の作用は現在の国際社会において、国家安全保障の中心的な役割をまだ担っていると一般に考えられているため、核兵器のもつ抑止力の意味あるいは価値を現実に照らして検討し、批判することが必要である。

　もう1つの重要な課題は、国家の平和と安全保障に対する核兵器の有用性を支持する伝統的な神話を矯正することである。たとえば、広島および

長崎への原爆投下が太平洋戦争を終わらせ、多くの若いアメリカ兵の命を救ったという神話は、日本が降伏した主たる理由は核兵器の投下ではなくソ連の対日参戦であったという史実により矯正されるべきである。このことにより、核兵器のもつ実際の有用性あるいは価値が見直されることになるだろう。

さらに、核兵器を保有していることに結び付いた政治的な名声・威信を低減させ、取り除くことも必要である。たとえば、国連安全保障理事会の常任理事国は、今ではNPTにより認められた5つの核兵器国と同一になっているが、NPTが署名された1968年当時には、中華民国（台湾）が常任理事国の席を占めていたのである。この側面での核兵器の政治的価値を低減させるためには、日本やドイツなどの非核兵器国から新たな常任理事国を選出することが必要であり、有益であるだろう。

核兵器のない世界を達成するためには、軍事的に、政治的に、道徳的に、また実際的に核兵器が与えていると信じられている価値や役割を低減し、取り除いていくことが不可欠であり、この核兵器の非正当化という領域での進展はそのために不可欠の作業である。

このように上述の3つの措置はそれぞれがそれ自体で重要な働きを行う。核兵器禁止条約は、核兵器のない世界に向けての交渉の最終的法的結果を明らかにするが、その最終成果に至るための条件や環境などを規定するものではない。人道的な核軍縮は核兵器のない世界に向けての新たな次元の議論を導入した。これは核兵器の使用の違法性または壊滅的影響を根拠とする核兵器廃絶のためのきわめて強力な議論である。しかし、それは核兵器のない世界にいたるプロセスを必ずしも示していない。核兵器の非正当化の議論は、政治的、実際的、法的、道徳的側面などあらゆる側面をカバーしており、この議論は、核兵器禁止条約および人道的側面からの核廃絶のための基盤として有益である。

これらのアプローチの1つにおける進展は、他のアプローチにおける進展を促進し強化するであろう。なぜなら、それぞれのアプローチは独立し

ているが、相互依存関係にあるからである。したがって、これら3つのアプローチは同時に精力的に追求されるべきである。それらが同時に精力的に追求されることにより、それらは相乗的効果をもつようになり、核兵器のない世界に向けて大きな影響を与えることができるようになるであろう。

2 短期的で個別的な諸措置

　核兵器のない世界を追求する過程においては、上述の長期的で総合的な諸措置を同時並行的に実施していくことと共に、短期的に可能である個別の諸措置をも同時に追求することが必要になる。これまでの核軍縮交渉における短期的で個別的な措置としては、核兵器の削減、核実験の禁止、核分裂性物質の生産禁止、非核兵器地帯の設置などの措置があり、それらは当然のこととして個別に追求されるべきであるが、ここでは、これらの措置の推進にも効果的な影響を与える措置であり、かつ核兵器の非正当化へ向けての部分的措置でもある「核兵器の役割を低減する措置」に焦点を当てる。

　核兵器の削減や核実験の禁止、核分裂性物質の生産禁止、非核兵器地帯の設置などは、国家安全保障戦略における核兵器の役割を低減することにより可能性が高まるものであり、核兵器の有用性が強調される場合には、個々の核軍縮措置もなかなか実施されにくいものとなる。その意味で、「核兵器の役割の低減」は個別的核軍縮措置を進展させるための基盤を提供するものであり、長期的には核兵器のない世界への進展を促進するものである。

　オバマ大統領自身も、核兵器のない世界の追求を高らかに宣言したプラハ演説において、そのための具体的措置をとる決意を表明した際に、「冷戦思考に終止符を打つため、米国の国家安全保障戦略における核兵器の役割を低減させる」ことを明言している。そして実際にオバマ大統領は核兵器の役割を低減させるために、多くの努力を行っており、すでに若干の成果を挙げている。米国のみならず他の核兵器国も核兵器の役割を低減する

ことにより、具体的な核軍縮措置が進展するであろうし、長期的には核兵器のない世界に向かって進んでいくことになると思われる。具体的には、第3章で検討した核兵器の第一不使用、消極的安全保証、核兵器の警戒態勢の解除の措置をとることで、核兵器の役割が低減され、核兵器のない世界への進展が促進されると考えられる。

核兵器の第一不使用

核兵器国の核兵器に関する宣言政策の中の重要な項目の1つが、どういう状況で核兵器を使用するかに関するものであり、国連憲章上武力の行使が認められるのは自衛権の場合だけであるので、相手の攻撃が核兵器による場合のみ核兵器で反撃するのか、あるいは相手のあらゆる攻撃（核兵器のみならず、生物・化学兵器、さらに通常兵器による攻撃）に対し核兵器で反撃するのかという選択肢があり、現在中国のみが前者の核兵器の第一不使用政策を宣言しており、他の4核兵器国は後者のあらゆる場合に核兵器を使用するオプションを維持すると宣言している。

宣言政策において核兵器の第一不使用を採択することは、核兵器の使用の範囲を狭くするものであり、核兵器の役割を低減させるとともに、核兵器の使用の可能性を低減させるものであり、さらに必要な核兵器の数を減少させることができるので、核兵器の一層の削減をも可能にするものである。

米国では「核兵器の第一不使用（no first use）」という用語よりも、ほぼ同義であるが、核兵器の「唯一の役割（sole purpose）」は相手国による核兵器の使用を抑止することであるという言い方が一般に使用されているので、「唯一の役割」という政策を採用すべきか否かという形で議論が展開されている。2010年4月に発表された米国の核態勢見直し（NPR）報告書では、「米国は、米国の核兵器の『唯一の目的』は、米国、同盟国・パートナーへの核攻撃を抑止することであるという普遍的政策を現在のところ採用する準備はできていない」が、「米国は核攻撃への抑止を米国の核兵

器の唯一の目的とするという目標をもちつつ、通常兵器能力を強化し、非核攻撃を抑止する核兵器の役割を低減する」と述べており、基本的には核兵器の第一不使用政策を採用する方向に将来的には進んでいくことを明らかにしている。

中国の第一不使用政策は、中国の核政策の透明性が欠如しているため西側では懐疑的に見られる傾向があり、一方的宣言であるからいつでも変更可能であるという弱点をもっている。米国も一方的に第一不使用の宣言を行うことは他国との関係で不利になるとも考えられるので、今後は、米ロの間でおよび米中の間で相互的な第一不使用政策の採用に進む方向を探るべきである。当初は政治的な共同宣言で行うのが妥当であろうが、将来的には二国間条約として法的拘束力ある約束に発展させるべきであるし、さらに5核兵器国間における多国間条約として約束する方向も追求されるべきであろう。

消極的安全保証

上述の第一不使用は基本的には核兵器国の間での使用禁止の問題であるが、消極的安全保証とは、核兵器国が核兵器を保有しない国家に対して核兵器を使用しないと約束することである。この問題は、NPTの文脈において議論される場合と、非核兵器地帯の文脈で議論される場合があり、両者を分けて議論するのが妥当である。

NPTの締約国である非核兵器国は、核兵器のオプションを法的に放棄しているので、消極的安全保証が与えられて当然とも考えられる。しかし伝統的には、それらの国が核兵器国である同盟国と共同で攻撃を加える場合などを例外とするきわめてあいまいな消極的安全保証が政治的な宣言として与えられてきた。さらに例外かどうかの判断も核兵器国が行うものと考えられていた。また米国のブッシュ政権はその宣言にも拘らず、核兵器の使用を一層柔軟に考える「計算されたあいまいさ政策」を採用していたため、宣言の実効性が疑問視されていた。

米国のオバマ政権では、2010年4月のNPRにおいて、「米国は、核不拡散条約（NPT）の当事国でありかつその核不拡散義務を遵守している非核兵器国に対しては、核兵器を使用せず、使用の威嚇を行わない」と宣言した。この宣言は以前のものに比べて格段に明確になっており、また保証が与えられる範囲も拡大されているため、一般に「強化された消極的安全保証」と言われている。英国も翌年同様の宣言を行い、強化された消極的安全保証を支持している。中国は以前から、いかなる状況においても非核兵器国に対して核兵器を使用しないと宣言しているため、今後の第1の課題はロシアとフランスに同様の強化された消極的安全保証の宣言を求めることである。さらに非核兵器国は、政治的宣言ではなく法的拘束力ある保証を求めており、その方向も追求されるべきであろう。
　非核兵器地帯条約の議定書は法的拘束力ある消極的安全保証を規定しており、ラテンアメリカ非核兵器地帯条約の議定書には5核兵器国が批准しており、南太平洋とアフリカについては、米国が最近それらの議定書を上院に提出し批准を進めると述べており、ロシアもアフリカについて2011年に批准したため、米国の批准が進めば5核兵器国がすべて批准することになり、ここにおいて最近の新たな進展が見られている。これにより法的拘束力ある消極的安全保証の範囲が拡大されつつある。
　また東南アジアと中央アジアにおける非核兵器地帯に関しては、地帯構成国と5核兵器国の間で条約および議定書の内容について見解の対立が生じているため、議定書の核兵器国による署名がまったく進んでいない。両者の協議により早期に対立を解消し、議定書の署名・批准を進展させるための努力が必要とされている。
　さらにすでに発効している議定書に対して5核兵器国が、議定書の義務の趣旨に反するような宣言を行っている例があり、消極的安全保証の内容を完全なものとするためにも、核兵器国はそれらの留保や一方的解釈を撤回することが必要である。

核兵器の警戒態勢の解除

　冷戦が終結して20年以上経つにもかかわらず、米国とロシアの戦略核兵器、特にICBMとSLBMは即時発射の高い警戒態勢に維持されたままであり、相手の大規模な核兵器による奇襲攻撃に対抗するための冷戦期の態勢が現在でも続いている。この状況は、核兵器の必要性および存在意義をきわめて高く評価していることを意味し、事故によるまたは不許可の核兵器の使用の可能性を高めるだけでなく、多くの核兵器を維持する必要性を高めるものであるため、核軍縮への進展を妨げるものとなっている。

　オバマ大統領は、大統領選挙運動中および大統領の初期においては、「警告時間および決定時間を長くするためにロシアと協力し、核兵器を即時に発射できる状態を維持するという冷戦の危険な政策を、相互的にかつ検証可能な方法で停止するためロシアと取り組む」と主張していた。しかし2010年4月のNPRでは、「米国の戦略戦力の現在の警戒態勢に調整がありうるかを検討したが、この態勢は維持されるべきであると結論した。その理由は警戒レートの低下は、『再警戒』が完了する前に敵に攻撃する動機を与えるので、危機における安定性を減少させるからである」と述べられている。

　しかし2013年6月の米国の核兵器運用戦略報告書において、核兵器の役割を低減する措置の1つとして、「攻撃下発射（Launch Under Attack）」につき、「相手を武装解除するような核による奇襲攻撃という可能性は大幅に低下したことを認め、この指針は国防省に対し、命令されれば攻撃下で発射する能力を維持しつつ、攻撃下の発射が米国の計画の中で演じる役割を低減するための一層のオプションを検討するよう命令する」と規定している。この新たな指針は、オバマ政権が警戒態勢の低下に向けて検討を始めることを規定しており、新たなオプションが導入される可能性を示唆している。

　米国のNPRであれ核兵器運用戦略であれ、米国がその核戦略として一方的に実施するものが議論され検討されているが、一方的措置として採用で

きるものには限界があり、特にこの問題は米国とロシアの二国関係に特化したものであるので、米国はオバマ大統領が初期に主張していたように、ロシアとの協議あるいは交渉により、相互的にまた検証可能な方法で警戒態勢の低下および解除に進むべきである。

このように上述の3つの措置は、米国のオバマ政権による行動を中心に、その一部はすでに実施されており、他の措置についてもそれらの実現の方向に進むことが明示され、それらに向けて努力することが明確に述べられている。また他の核兵器国による同様の行動も部分的に実施されている。このことは、これらの諸措置が実施される可能性がきわめて高いこと、核兵器国だけでなく多くの非核兵器国がその進展を主張することにより、間接的にそれらの措置の実現化を容易にすることを意味している。

これらの措置は短期的に採用することが可能であり、形の上では個別的な措置であるが、それらはすべて「国家安全保障戦略における核兵器の役割を低減する」という共通の目的を持ったものである。これらの措置は核兵器の役割を低減させることにより、それら自体が核軍縮措置として有益であるだけでなく、核兵器の役割を低減させることは、核兵器の重要性を低下させるものであり、そのことにより核兵器の一層の削減が可能になり、核分裂性物質の生産停止や非核兵器地帯の設置を容易にし、核実験の必要性が低下することにより、CTBTの批准および発効を促進するものとなり得る。

3　むすび

核兵器のない世界の実現は、オバマ大統領が私が生きている間には達成できないだろうと述べたように、簡単な作業ではなく、一定の期間を必要とするとともに、さまざまな相互関連性のある行動を連続性を維持しつつ採用していく必要がある困難な重要課題である。基本的には、核兵器禁止条約を交渉し締結し、それを実施していくことによって「核兵器のない世界」を実現することである。しかし、その条約交渉の開始までにもさまざ

まな困難な諸問題が横たわっており、それらを解決していくことが必要であり、核兵器禁止条約の議論と平行してそれらの諸問題を議論し解決する努力が必要であろう。

その努力と平行して、核兵器の使用がもたらすであろう壊滅的な影響という観点から、すなわち人道的な側面から核兵器の廃絶の必要性の主張を強化していくことが必要であり、また核兵器はこれまで重視され重宝されてきたが、実際には核兵器は軍事的にも政治的にも役に立たないという「核兵器の非正当化」の議論を広くかつ深く展開していくことが必要であろう。これらの3つの措置を同時並行的に追求することにより、それらが相乗的効果を発揮するようになり、核兵器のない世界に向けての世界の動きを促進させ強化させることが可能であろう。

また短期的な諸措置としては、国家安全保障戦略における核兵器の役割を低減させることが不可欠であり、有益である。具体的には核兵器の第一不使用政策の採用、消極的安全保障の強化、核兵器の警戒態勢の低下および解除の措置であり、これらは現在、オバマ政権を中心に実際に取り組みが開始され、すでに一定の成果を生み出しており、また近い将来に実現の可能性を探っている措置である。その意味できわめて具体的で実現可能性の高い諸措置であり、すべての核兵器国および非核兵器国はこれらの措置の実現に努力すべきである。これらの諸措置はそれら自体で有益であるのみならず、他の具体的な個々の核軍縮措置の進展を容易にし、促進するものであるので、また将来的には核兵器のない世界に向けての進展に大きな役割を果たすものであるので、最大の努力がなされるべきであろう。

最後に、日本政府のとるべき今後の政策としては、当面日米安全保障条約を中心とする米国の核抑止に基礎を置く同盟関係が必要だとしても、長期的には「核兵器のない世界」の実現をめざすべきであり、現在の短期的な政策のみでなく、もっと長期的な展望をも含めた核軍縮政策を構築すべきであろう。そこでは核兵器禁止条約の作成の問題、核軍縮への人道的アプローチの問題、核兵器の非正当化の問題をもっと明確に意識して議論を

進めることが必要である。

　また短期的な諸措置についても、核の傘の絶対的な有用性を主張するのではなく、長期的視点をもふまえて、国家安全保障戦略における核兵器の役割の低減に向けた政策を検討し実施する方向に進むべきであろう。米国が核兵器の第一不使用または唯一の目的の政策を採用する方向を現在明示しているが、それらの問題を検討する場合には、日本もその方向に向けて米国と協力すべきであろうし、核兵器の警戒態勢の低下や解除についても、米国が主張しているように、核兵器の役割の低減に向けた方向で米国と協力すべきであろう。さらに消極的安全保証に関しても、通常兵器による抑止という問題の検討を開始すべきであるし、北東アジア非核兵器地帯の設置の可能性を北朝鮮の核問題に留意しながら検討すべきであろう。

索引

【あ行】

INF　7, 27
アメリカの戦略態勢　152, 158, 179
新たな核保有国　21, 146
FMCT → 兵器用核分裂性物質生産禁止条約
オスロ会議　124, 125, 128

【か行】

カウンターフォース能力　87
核運用戦略　77, 78, 81～84
核軍縮に関する枠組み協定　111
核軍縮への人道的アプローチ　88, 115, 118, 120, 129, 131, 145, 192, 194, 203
拡散の沸騰点　46
核セキュリティ・サミット　30, 76, 83
拡大核抑止　136, 157
核態勢見直し　32, 33, 35, 41, 52, 67, 69, 75～77, 92, 152, 154～156, 160, 163, 165, 171, 176, 181, 183, 187, 189, 198
核テロリスト　5, 10, 175
核テロリズム　19, 20, 22, 78, 82, 83, 89, 156
核の三本柱　87
核廃絶の明確な約束　55, 64
核不拡散・核軍縮国際委員会　37, 50, 68, 102, 133, 164
核不拡散と核軍縮に関する国際委員会　153
核兵器運用戦略　4, 75, 76, 78, 90, 91, 156, 158, 187, 201
核兵器運用状況低下　69
核兵器禁止条約　39, 41, 47～49, 53～56, 58, 60, 62, 63, 65, 71, 72, 96, 97, 101～110, 112～114, 120, 127, 141, 173, 192～194, 196, 202, 203
核兵器禁止枠組み条約　111, 193
核兵器使用禁止条約　70, 119, 141
核兵器の違法化　131
核兵器の運用状況の低下　57, 69
核兵器の基本的役割　84, 85
核兵器の削減　15, 25～27, 33, 35, 41, 46, 58, 59, 61, 65～68, 80, 81, 86, 88, 101, 186, 194, 197, 198
核兵器の使用禁止　68, 70, 111, 119, 121, 131
核兵器の人道的影響に関する国際会議　124
核兵器のない世界　4, 5, 7～15, 17～20, 23, 24, 26～32, 34, 36, 38, 39, 42, 49, 50, 52～58, 60～64, 67, 71, 72, 75, 76, 79, 84, 88, 90, 91, 96, 97, 102, 104～107, 110, 112, 113, 120, 121, 123, 125, 141, 147, 150, 151, 153, 156, 174, 181, 192, 193, 196～198, 202, 203
核兵器の非合法化　125
核兵器の非正当化　37, 40, 96, 118, 133～135, 138, 140～146, 192, 195～197, 203
核兵器の役割の低減　18, 24, 30, 32, 35, 40, 41, 56, 57, 61, 67～69, 72, 75, 78, 84, 86, 148, 150, 152, 154, 156, 164, 168, 176, 184, 187, 188, 197, 198, 202, 204
核兵器のユニークな性格　116
核兵器廃絶のための行動計画のための要素　58, 62, 104

核兵器廃絶への明確な約束　71
核ヘッジ　88
核抑止　5, 6, 11, 14, 18, 20, 24, 25, 40, 50, 54, 57, 68, 76, 78, 85, 89〜91, 96, 107, 126, 128, 130, 133, 135, 136, 138〜141, 144, 145, 147, 148, 155, 157〜159, 168, 178, 186, 195, 203
危機における安定性　157, 175, 180, 182, 188, 201
キッシンジャー，ヘンリー　5, 6, 11, 14, 151, 174
基本的な役割　85, 155
キャンベラ委員会　109, 110, 158, 160
強化された消極的安全保証　32, 164, 165, 167, 171, 200
強力な消極的安全保証　38, 57, 68
クラスター弾　112, 122, 129, 130, 194
グローバル・ゼロ委員会　42, 43, 46, 47, 50, 102, 105, 186
グローバル・ゼロ行動計画　43, 103
軍備管理・軍縮アプローチ　115
警戒態勢の解除　35, 38, 44, 86, 98, 110, 150, 174〜184, 188, 198, 201, 203
警告即発射態勢　21
計算されたあいまいさ　152, 155, 157, 163, 164, 168, 199
決議1887　19, 29, 32, 52, 53, 63, 67, 72, 173
ケリー，ジョン　9
原子力平和利用　20, 29, 50, 100
攻撃下発射（LUA）　77, 85, 187, 201
国際司法裁判所　96, 97, 115, 117, 120, 128, 134, 145, 170
国際人道法　54, 70, 72, 88, 96, 115〜123, 129, 131, 133, 134, 140, 145, 194
国際赤十字・赤新月運動の決議　120
国連安全保障理事会サミット　19, 52, 53, 72
国連安全保障理事会首脳会合　29, 32
国連安全保障理事会の常任理事国　146, 147, 196
国連事務総長5項目提案　62, 67, 72, 102
国連事務総長提案　105
ゴルバチョフ，ミハイル　7, 8, 42, 103

【さ行】

最小化地点　38〜40, 42, 50, 135, 136, 153
34カ国共同声明　123
ジェームズ・マーティン不拡散研究所　138, 141, 144
シカゴ演説　11, 23, 26, 181
時間的枠組み　14, 24, 46, 55, 58, 60, 62, 65, 101, 104, 105, 109, 193
CTBT　→　包括的核実験禁止条約
16カ国共同声明　122
シュルツ，ジョージ　4, 6, 9, 11, 12, 14, 151, 174
消極的安全保証　10, 32, 38, 41, 55, 57, 68, 85, 104, 150, 157, 162〜173, 198〜200, 204
新アジェンダ連合　55, 57, 97, 109, 110, 170
新START条約　30, 33〜36, 52, 53, 57, 65, 66, 76, 78〜81, 91, 108, 128, 192
迅速グローバル打撃　80, 86
スイス政府の提案　118
START-I条約　26
赤十字国際委員会　72, 115, 118, 120, 121, 124, 194
セミパラチンスク条約　168, 173
戦術核兵器　21, 27, 31, 47, 66, 67, 76, 77, 80〜82, 86, 159
全面完全軍縮　41, 55
戦略核弾頭の一層の削減　76, 78
戦略的安定性　55, 73, 77, 87, 89, 91, 108, 129, 151, 158, 179, 181, 194
戦略的安定性の確保　89, 158, 194
相互的な第一不使用　158〜160, 199
ソウル演説　30

【た行】

第一不使用　10, 25, 32, 35, 38〜41, 55, 68, 69, 110, 135, 143, 150〜154, 156〜160, 198, 199, 203, 204
対人地雷　112, 122, 129, 130, 194
大胆なビジョン　8, 13, 14
段階的アプローチ　108〜110, 127, 128, 192〜194
段階的−包括的アプローチ　108, 109
中距離核戦力条約　27

【な行】

NATO抑止・防衛態勢見直し　33, 81, 82, 165
ナン，サム　5, 6, 11, 14, 110, 176
2010年NPT再検討会議　38, 39, 41, 49, 52, 60, 71, 104, 105, 109, 110, 115, 118, 120, 125, 129, 133, 138, 141, 155, 158, 164, 165, 168〜170, 184
2010年NPT再検討会議最終文書　60
2020ビジョン　47〜49, 51, 103
日本　37, 47, 53, 56, 106, 114, 117, 124, 126, 127, 139, 144, 146, 147, 153, 158, 160, 161, 196, 203, 204
人間の安全保障　115, 121, 122, 127, 129, 195

【は行】

80カ国共同声明　125
バンクーバー宣言　121
バンコク条約　168, 169, 173
非核兵器地帯　29, 44, 59, 68, 143, 158, 166〜173, 197, 199, 200, 202, 204
非人道的兵器　130
非戦略核兵器　33, 35, 67, 81, 110
125カ国共同声明　126
ヒロシマ・ナガサキ議定書　48, 49, 52, 103
広島・長崎への原爆投下　139, 144, 147, 195
プラハ演説　4, 16〜18, 22〜25, 28, 31, 33, 34, 36, 49, 52, 55, 72, 75, 76, 83, 84, 87, 90, 91, 150, 151, 197
兵器用核分裂性物質生産禁止条約（FMCT）　18, 28, 29, 31, 34, 35, 39, 41, 56, 59, 60, 65, 76, 84, 104, 108, 128, 150, 192
米国政権の外交政策　25, 27, 28, 181
米国政権の本土安全保障政策　25, 29, 181
米国元高官による提案　4
平和市長会議　47〜52, 103, 105
ベケット，マーガレット　8
ペリー，ウィリアム　4, 6, 11, 14, 152, 179
ベルリン演説　4, 75, 76, 78, 91, 187
包括的アプローチ　107〜109, 111, 127, 128, 192
包括的核実験禁止条約（CTBT）　5, 7, 8, 10, 18, 28, 29, 31, 33, 35, 39〜41, 56, 58, 76, 83, 84, 104, 108, 128, 150, 192, 202

【ま行】

ミサイル防衛　6, 35, 39, 40, 66, 80, 86, 137, 157, 159
民主党の政策綱領　12, 24
モデル核兵器禁止条約　41, 97, 101, 102, 107, 109, 112, 113

【や行】

唯一の目的　25, 32, 38, 40, 57, 67〜69, 85, 88, 151〜157, 159, 161, 187, 198, 199, 204
唯一の役割　155, 198

【わ】

枠組みに関する合意　63, 102, 109, 110, 193

［著者紹介］

黒澤　満（くろさわ　みつる）　大阪大学大学院法学研究科博士課程単位取得退学、博士（法学）。専門領域：国際平和・軍縮、現在大阪女学院大学大学院教授。大阪大学名誉教授。主要著作：『国際共生とは何か―平和で公正な世界へ』（編著）（東信堂、2014年）、『軍縮問題入門（第4版）』（編著）（東信堂、2012年）、『核軍縮入門』（信山社、2011年）、『国際関係入門』（編著）（東信堂、2011年）、『核軍縮と世界平和』（信山社、2011年）。

核兵器のない世界へ――理想への現実的アプローチ

2014年3月31日　初　版第1刷発行　　　　　　　〔検印省略〕
　　　　　　　　　　　　　　　　　　　定価はカバーに表示してあります。

著者Ⓒ黒澤満　　発行者　下田勝司　　　印刷・製本／中央精版印刷株式会社

東京都文京区向丘1-20-6　　郵便振替00110-6-37828　　　　発　行　所
〒113-0023　　TEL(03)3818-5421　FAX(03)3818-5514　　株式会社　東信堂

Published by TOSHINDO PUBLISHING CO., LTD.
1-20-6, Mukougaoka, Bunkyo-ku, Tokyo, 113-0023, Japan
E-mail : tk203444@fsinet.or.jp　http://www.toshindo-pub.com

ISBN978-4-7989-1227-1　C3030　　Ⓒ KUROSAWA, Mitsuru

東信堂

国際法新講〔上〕〔下〕	田畑茂二郎	〔上〕二六〇〇円 〔下〕二七〇〇円
ベーシック条約集 二〇一四年版	編集代表 田中・薬師寺・坂元	二六〇〇円
ハンディ条約集	編集代表 松井・薬師寺	一六〇〇円
国際人権条約・宣言集〔第3版〕	編集代表 松井芳郎	三八〇〇円
国際機構条約・資料集〔第2版〕	編集代表 坂元・小畑・徳川	三二〇〇円
判例国際法〔第2版〕	編集代表 安藤仁介・西村	三八〇〇円
国際環境法の基本原則	松井芳郎	三八〇〇円
国際民事訴訟法・国際私法論集	高桑昭	六五〇〇円
国際機構法の研究	中村道	六五〇〇円
条約法の理論と実際	坂元茂樹	八六〇〇円
国際立法——国際法の法源論	村瀬信也	四二〇〇円
21世紀の国際法秩序——ポスト・ウェストファリアの展望	R・フォーク 川崎孝子訳	六八〇〇円
核兵器のない世界へ——理想への現実的アプローチ	N・レルナー 元百合子訳	三八〇〇円
宗教と人権——国際法の視点から	黒澤満編著	二五〇〇円
軍縮問題入門〔第4版〕	黒澤満著	二三〇〇円
ワークアウト国際人権法	W・ベネディック編 中坂・徳川編訳	三八〇〇円
人権を理解するために	中坂恵美子	二八〇〇円
難民問題と『連帯』——EUのダブリン・システムと地域保護プログラム	中坂恵美子	二八〇〇円
難民問題のグローバル・ガバナンス	中山裕美	三三〇〇円
国際法学の地平——歴史、理論、実証	松井芳郎	二八〇〇円
国際法と共に歩んだ六〇年——学者として 裁判官として	小田滋	二九〇〇円
国際法から世界を見る——市民のための国際法入門〔第3版〕	浅田正彦編著	二九〇〇円
国際法〔第2版〕	大沼保昭	三六〇〇円
国際法/はじめて学ぶ人のための〔新訂版〕	中川淳司 寺谷広司 編著	三二〇〇円
小田滋・回想の海洋法	小田滋	六八〇〇円
グローバル化する世界と法の課題	位田・安藤・小寺・村田隆一道介	七六〇〇円
〔国際共生研究所叢書〕国際社会への日本教育の新次元	関根秀和編	八二〇〇円
国際関係入門——共生の観点から	黒澤満編	二二〇〇円
国際共生とは何か——平和で公正な社会へ	黒澤満編	一八〇〇円

〒113-0023 東京都文京区向丘1-20-6
TEL 03-3818-5521 FAX 03-3818-5514 振替 00110-6-37828
Email tk203444@fsinet.or.jp URL:http://www.toshindo-pub.com/

※定価：表示価格（本体）＋税